심리학이 이토록 재미있을 줄이야

심리학이 이토록
재미있을 줄이야

동화를 꿀꺽해버린 꿀잼 심리학

류혜인 지음

스몰빅인사이트

재미와 지식을 한꺼번에 잡는
동화로 읽는 심리학

어렸을 때 읽은 동화를 어른이 되어서 다시 읽으면 이상한 점이 한둘이 아니다. 우리에게 가장 유명한 동화 〈신데렐라〉만 해도 그렇다. 〈신데렐라〉에서 왕자는 고작 몇 시간밖에 보지 못한 신데렐라에게 반해서 청혼을 한다. 생각해 보면 쉽게 이해가 되지 않는다. 그래도 장차 한 나라의 왕비가 될 사람인데 성격은 어떤지, 집안은 좋은지, 머리는 총명한지 이것저것 따져봐야 할 게 많을 텐데도 왕자는 덜컥 신데렐라에게 사랑을 고백한다. 사실 왕자는 신데렐라에 대해 아는 게 아무것도 없었다. 그저 예쁘다는 것과 그녀가 흘리고 간 유리구두 한 짝 외에는. 그런데도 왕자는 온 나라를 뒤져 신데렐라를 찾아내 결혼을 하고 만다. 쉽게 설명이 되지 않는 일이다.

그러나 왕자의 이러한 행동은 심리학을 통해서 보면 충분히 설명할 수 있는 일이 된다. 이는 심리학의 '헤일로 효과(후광효과)' 때문이다. 쉽게 말해, 왕자는 신데렐라가 너무 예쁜 나머지 다른 요소는 전혀 고려 대상이 아니었던 것이다. '헤일로 효과'란 어떤 대상을 평가할 때, 그 대상의 어느 한 특성에 대한 평가가 다른 특성에 대한 평가에까지 영향을 미치는 현상을 말한다.

　어떻게 보면 너무 뻔하고 어이가 없는 왕자의 행동 때문에 피식 웃음이 나올지 모르겠다. 하지만 놀라운 것은 왕자의 이런 행동을 우리도 일상에서 흔하게 저지른다는 것이다. 한번 자신을 되돌아보자. 좋아하는 연예인이 나온 광고를 보고 당장 필요도 없는 상품을 산 적은 없는가? 명문대 출신이라고 성격도 좋을 것이라 생각한 적은 없는가?

　사람들은 동화를 단순히 '아이들이 읽는 이야기'라고만 생각한다. 아마도 동화가 아이의 눈높이에 맞춰서 쉬운 단어와 짧은 내용으로 구성되어 있기 때문일 것이다. 그러나 내 생각엔 동화만큼 다양하고 섬세하게 인간의 심리를 표현하고 있는 장르는 없다고 생각한다. 동화 속에 나오는 수많은 캐릭터는 우리가 세상을 살면서 겪는 여러 고민과 문제들을 숨김없이 표현하고 있다. 그래서 나는 그 캐릭터들의 심리를 분석하는 것만으로도 어렵게 느껴지는 심리학을 쉽고 재미있게 설명할 수 있겠다는 확신이 들었다.

내가 이 사실을 깨닫게 된 것은 생일 선물로 받은 《안데르센 동화 전집》을 읽고 나서부터이다. 그 책을 읽는 내내 나는 연신 탄성을 질렀다. 어릴 때부터 읽어서 너무 익숙해진 동화 속 곳곳에 심리학이 숨어 있었기 때문이다. 심지어 꽤 난도가 높은 심리 법칙들을 단 몇 줄 만에 표현하는 것을 보고 무릎을 '탁' 쳤다. 예전부터 고민했던 심리학을 사람들에게 쉽고 재미있게 알려 줄 수 있는 방법을 찾은 것 같았기 때문이다.

내가 사람들에게 심리학을 쉽고 재미있게 알려 주고 싶다는 생각을 하기 시작한 것은 대학을 다니면서부터였다. 참고로 나는 고등학교 때까지 "심리학? 그게 뭔데?" 하던 사람이었다. 그런데 대학교에서 교양 과목으로 심리학을 접하고 나서 새로운 눈을 떴다. 무심코 스쳐 지나갔던 일상 곳곳에 심리학이 숨어 있다는 사실을 알게 되었기 때문이다. 특히 사람의 마음을 이해하고 그 사람의 행동을 예측하는 것들을 과학적으로 연구하는 과정이 너무 짜릿하고 감동적이었다.

그러다 보니 나는 전공 과목인 국어교육보다 심리학을 공부하는 시간이 점점 많아졌다. 그리고 결국 국어교육과를 졸업 후에 심리학과로 편입하는 엄청난 결단을 했다. 나는 그때부터 심리학을 사람들에게 쉽고 재미있게 알려 주기 위해 열심히 공부했다. 그렇게 10년이 흘렀고, 현재 나는 고등학교에서 전문상담교사로 일하고 있다.

그런데 한 가지 고민이 생겼다. 고교학점제로 인해 심리학이 선택 과목이 되면서, 심리학을 전공하지 않았는데도 심리학을 가르쳐야 하는 선생님들이 생긴 것이다. 그래서 "심리학을 쉽게 알 수 있는 책을 추천해달라"는 선생님들의 부탁을 받고, 나는 어떤 책을 추천해야 할지 고민이 되었다.

물론 시중에 훌륭한 심리학 교재도 많고, 읽을 만한 대중서들도 여럿 있다. 그런데 심리학을 처음 접하는 사람들이 거부감 없이 쉽고 재미있게, 그리고 최대한 풍부하게 지식을 습득할 수 있는 대중서가 마땅치 않았다. 그래서 고민 끝에 동화 속 캐릭터의 심리 상태를 통해 심리학을 재미있게 설명하는 책을 직접 써봐야겠다는 생각을 하게 되었다. 그 생각을 구체화하기 위해 나는 꼬박 1년 동안 수많은 자료조사와 공부를 했다. 그렇게 탄생한 책이 이 책《심리학이 이토록 재미있을 줄이야》이다.

사실 동화를 통해 심리학을 이해하려는 시도가 처음은 아니다. 그러나 지금까지는 동화를 '정신분석'의 입장에서 해석해 왔다.

하지만 동화를 정신분석학적 입장에서 해석하는 것은 자칫 '심리학은 정신분석이다'라는 선입견을 줄 수 있고, '심리학은 어렵고 재미가 없다'는 고정관념을 심어 줘서 처음부터 흥미를 잃게 만들 수도 있다.

그래서 나는 이 책에서 어떻게 하면 최대한 재미있고 쉽게 심리학에 접근하도록 만들 것인가에 집중했다.

이 책은 먼저 동화에 나오는 캐릭터들의 심리 상태 분석을 통해 여러 심리학 법칙을 흥미롭게 설명한다. 또한, 그러한 심리 법칙들이 우리 일상과 어떤 연관이 있고, 어떻게 적용할 수 있는지 구체적으로 알려 준다.

예를 들어, 동화 〈여우와 두루미〉 이야기를 통해 여우가 두루미에게 납작한 접시를 준 이유가 심리학의 '허구적 합의 효과' 때문이라는 사실을 설명한다. 그리고 이는 사람들이 자신의 생각이 옳다고 믿는 것과 연관이 있음을 알려 준다.

이 외에도 〈개미와 배짱이〉, 〈성냥팔이 소녀〉, 〈백설공주〉 등 누구나 알고 있는 스물다섯 개의 동화를 통해 심리학을 재미있게 풀어냈다.

이 책은 심리학을 처음 접하거나, 심리학을 어렵게만 생각하는 사람들에게 적극 권하고 싶은 책이다. 분명 심리학에 대한 지식과 새로운 흥미를 얻을 수 있을 것이다. 또한 심리학에 대한 지식을 어느 정도 가지고 있는 사람들에게도 이 책은 꽤 재밌는 책이 될 것이라 확신한다. 동화 속 캐릭터의 심리 상태에 대한 새로운 해석과 설명이 신선하고 유용하기 때문이다.

　사람의 마음을 읽고 이해할 수 있으면 삶의 질은 훨씬 좋아진다. 그만큼 심리학은 우리 일상과 밀접하게 연결되어 있다. 이 책을 통해 부디 많은 사람들이 심리학의 재미와 효용성에 푹 빠지길 바란다.

　끝으로 이 책이 나오기까지 도움을 준 여러 지인들에게 감사의 인사를 전하고 싶다.

류혜인

차례

~~~~~~

~~~~~~

나에게 옳은 것은
분명 남에게도 옳을 것이다

〈여우와 두루미〉의 허구적 합의 효과

햇살이 가득한 호수에서 두루미가 한가로이 걷고 있었어요. 그 모습을 본 여우가 두루미에게 다가가 말을 걸었습니다.

"두루미야, 잘 지내고 있니?"

"응, 잘 지내. 무슨 일이니? 난 좀 바쁜데."

두루미는 아주 쌀쌀맞게 대답했어요. 사실 며칠 전에 둘이 싸웠기 때문이죠. 여우는 기분이 나빴지만 부드럽게 말했습니다.

"너를 위해 내가 맛있는 음식을 준비했어. 그러니 우리 집에 놀러 오지 않을래?"

"정말?"

두루미의 목소리가 부드러워졌습니다.

"고마워. 꼭 갈게."

"우리 집은 길을 따라 쭉 오면 벚나무 왼쪽에 있어."

여우는 아주 친절하게 찾아오는 길을 알려 주었어요.

다음 날 두루미는 여우가 알려 준 대로 집을 찾아갔어요. 맛난 음식을 먹을 기대에 두루미는 아침도 걸렀답니다. 집에 도착하니 맛있는 음식 냄새가 솔솔 풍겼어요. 두루미는 입 안에 침이 고였습니다.

"여우야, 나 왔어."

두루미의 목소리를 들은 여우가 얼른 문을 열어 주었어요.

"어서 와."

여우는 아주 반갑게 두루미를 맞이했습니다.

식탁에 앉은 두루미 앞에 음식이 차려졌어요. 여우가 준비한 음식은 수프였지요. 그러나 두루미는 이내 당황하고 말았습니다. 수프가 납작한 접시에 담겨 있었기 때문이에요.

"어서 먹어. 채소를 듬뿍 넣었어."

하지만 두루미는 긴 부리 때문에 납작한 접시에 담긴 수프를 먹을 수가 없었죠. 그 모습을 본 여우는 두루미에게 물었습니다.

"왜 안 먹니? 맛이 없니?"

"아니, 맛있어. 그냥 지금 별로 배가 안 고프네."

"그래? 그럼 내가 다 먹을게."

여우는 후루룩, 쩝쩝거리며 두루미의 수프까지 먹어 치웠어요.

'여우 녀석, 정말 나빠.'

두루미는 여우에게 속은 것만 같아 너무 화가 났답니다.

우리가 잘 알고 있는 이솝 우화 〈여우와 두루미〉에서 여우는 분쟁의 씨앗으로 등장한다. 애초에 손님을 불러놓고 혼자서만 맛있는 수프를 날름날름 먹었으니 여우는 쓴소리를 들어도 할 말이 없다. 두루미는 자기가 못 먹는 모습을 보고도 "왜 안 먹니? 맛이 없니?" 하면서 자신의 수프까지 뺏어가는 여우가 얼마나 얄밉게 느껴졌을까. 자고로 먹을 것 가지고 장난치는 일이 제일 치사한데 말이다.

그런데 이것이 과연 전적으로 여우만의 잘못일까? 사실 여우는 두루미를 위해 나름 최선을 다했다고 볼 수 있다. 먼저 두루미에게 식사를 제의한 것도 여우였고, 맛있는 수프를 끓여낸 것도 여우였다. 어쩌면 여우는 하얀 프릴 레이스가 달린 식탁보를 펼치고 프리지아꽃을 한 아름 가지고 와 테이블을 양껏 꾸몄을지도 모른다. 게다가 정말로 여우가 두루미를 골탕 먹이려고 했다면 나중에 두루미의 집으로 초대받았을 때 거절했을 것이다. 자기한 테 복수할 게 뻔한데 뭐하러 호랑이 굴에 들어가겠는가. 하지만 여우는 두루미의 초대에 흔쾌히 응했다. 순진하게도 두루미가 자신을 위해 만든 요리에 들뜬 기대를 하면서 말이다.

이런 점을 미루어 볼 때 여우는 두루미를 골탕 먹이려고 한 게 아닐 수도 있다. 그러면 왜 여우는 수프를 납작한 접시에 담아서 두루미에게 주었을까? 어쩌면 여우는 단순히 '착각'을 한 것일지도 모른다. 심리학에서 말하는 '허구적 합의 효과' 때문에 말이다. 허구적 합의 효과란 자신의 생각이 보편타당하다고 생각하여 다른 사람들도 나처럼 행동하리라는 잘못된 믿음을 말한다.

허구적 합의 효과는 스탠퍼드대학의 리 로스와 그의 동료들이 행한 실험을 통해 밝혀졌다. 심리학자들은 하나의 스토리를 짜서 실험을 진행했는데 스토리는 다음과 같다.

당신은 집 근처의 슈퍼마켓에서 장보기를 마치고 집으로 돌아가려 한다. 그런데 어떤 사람이 다가와 "이 가게에서 쇼핑하는 것을 좋아하세요?"라고 묻는다. 당신은 "네, 좋아해요. 집에서 가깝고 또 품질이 좋은 고기를 낮은 가격에 살 수 있기 때문이에요"라고 답한다. 그러자 질문을 던진 사람이 "실은 제가 비디오 녹화 스태프인데요, 지금 이 상황은 녹화 중이었어요"라고 밝힌다. 그리고 "방금 말씀하신 내용을 텔레비전 광고에 무삭제판으로 삽입하고 싶은데 동의해 주실 수 있나요?"라고 묻는다.

당연히 이 제안에 동의한 사람들도 있었고 동의하지 않은 사람들도 있었다. 이 글을 읽는 독자들도 저마다의 이유로 둘 중 하나의 입장이라 생각된다. 자신의 멘트가 광고에 그대로 나가는 것에 동의한 사람들은 아마 상황을 다음과 같이 해석했을 것이다.

'내가 텔레비전에 나오다니, 정말 굉장한 일인걸!'

반대로 동의하지 않은 사람들은 다음처럼 받아들였을 것이다.

'지금 화장도 안 했는데 이 모습으로 광고에 나간다고? 말도 안 돼! 내 얼굴이 텔레비전에 알려지는 건 부끄러운 일이야.'

'그것도 모르고 말을 우물쭈물했네. 바보 같아 보일 거야.'

질문을 받은 사람들이 자신의 입장을 밝히고 나면 비디오 녹화 스태프로 가장한 연구자들은 다음과 같이 물었다.

"다른 사람들은 어떤 결정을 할 것 같나요?"

이때 아주 흥미로운 사실이 밝혀진다. 광고를 허락한 사람은 다른 사람들도 자신처럼 기꺼이 허락할 것이라 대답했고, 허락하지 않은 사람 역시 대부분의 사람들은 자신처럼 허락하지 않을 것이라 대답했다.

여기서 중요한 것은 어느 쪽이든 모두 자신의 생각이 '보편적' 이고 '정상적'이라고 믿었다는 것이다. 그래서 자신의 멘트가 광고에 나가는 것에 동의한 사람은 다른 사람들도 재미있는 경험으로 받아들일 거로 생각했고, 동의하지 않은 사람 역시 다른 사람들 또한 부끄러운 일로 받아들일 거로 생각했다.

이 실험은 결국 인간은 흔히 자신이 좋아하는 것을 다른 사람들도 좋아하고, 자신이 싫어하는 것을 다른 사람들도 마찬가지로 싫어한다고 생각함을 알려준다.

다시 동화로 돌아가 보자. 여우는 푸드스타일리스트 뺨치게 테이블 세팅을 해놓고, 정성을 들여서 수프를 끓인 뒤, 마지막에는 두루미도 자신처럼 넓적한 접시를 좋아한다고 착각을 한 것이다.

그래놓고 두루미가 못 먹자(여우의 시각에서 보면 두루미는 못 먹는 게 아니라 안 먹는 것처럼 보였을 것이다) 여우는 상심해서 '내가 이만큼이나 준비했는데 안 먹다니' 하고 삐졌을지도 모른다. 그래서 "너 안 먹을 거면 내가 먹을게"라고 말한 것뿐인데, 세상 사람들은 그 장면을 보고 여우가 못됐다며 두루미의 복수를 용인한다. 이는 여우의 입장에서 매우 억울한 일일 수 있다.

그러면 여우로 하여금 두루미에게 넓적한 접시를 주게 한 허구적 합의 효과는 왜 일어날까? 바로 '자기중심성' 때문에 그렇다. 카네기멜런대학의 행동경제학 교수 뢰벤슈타인과 보벤이 했던

심리학이 이토록 재미있을 줄이야

실험은 바로 이러한 경향성을 잘 보여준다.

실험에서 연구자들은 피실험자들에게 어떤 사람이 산에서 조난당한 상황을 상상해보라고 한다. 이후 연구자들은 "조난당한 사람에게 갈증이 더 고통스러울까요? 아니면 배고픔이 더 고통스러울까요?"라고 물었다. 이때 질문을 받는 사람은 '운동을 하기 위해 헬스장으로 들어가려는 사람'과 '운동을 마치고 헬스장에서 나가는 사람' 이렇게 두 집단이었다. 실험 결과, 운동을 마치고 헬스장에서 나가는 사람들이 운동을 하러 헬스장에 들어가는 사람들보다 훨씬 더 많이 "갈증이 고통스러울 것이다"라고 답했다.

이 실험은, 인간이 다른 사람이나 상황을 이해할 때 자기를 기준으로 생각하는 경향성이 있다는 것을 보여 준다. 이처럼 인간은 누구나 자신의 눈으로 세상을 바라보고 저마다의 가치관으로 세상을 판단하며 살아간다.

그렇다면 두루미의 입장에서는 여우를 어떻게 이해해야 할까? 두루미는 비록 납작한 접시를 보고 기분이 나빴을지라도, 여우의 행동이 악의 없는 실수였음을 이해해야 한다. 그래서 복수를 위해 뒤에서 칼을 갈기보다는 차라리 그 자리에서 자신의 의견을 이렇게 말했어야 했다.

"여우야, 너는 납작한 접시를 좋아하는가 보구나. 하지만 나는 부리가 길어서 납작한 접시로는 먹을 수 없어. 그래서 난 호리병을 좋아해. 집에 호리병 있니?"

그러면 여우는 "아차!" 하면서 창고에서 호리병을 뒤적뒤적 찾아 거기에 수프를 담아 주었을 것이다. 진심으로 미안해하면서 말이다.

어쩌면 두루미가 허구적 합의 효과를 알고 있었고, 그래서 여우에게 자신의 의견을 적극적으로 제시했다면, 두루미가 여우에게 복수하는 파국적 결과는 없었을지도 모른다.

한 걸음 더

원만한 관계를 원한다면 '투명성 착각'을 주의하라

인간은 저마다 자신의 입장으로 세상을 바라보기 때문에 자기중심성에 의한 착각을 하기 쉽다. 비단 여우만 이런 행동을 하는 게 아니라는 뜻이다. 우리도 충분히 이런 실수를 할 수 있다. 다투면서 "누구 말이 맞는지 길 가는 사람한테 물어봐!"라든가 "아니, 보통 다들 그렇지 않아?"라고 말하는 것도 다 그런 착각에서 비롯된 것이다.

이런 자기중심성과 관련한 또 다른 착각으로 '투명성 착각'을 들 수 있다. 투명성 착각이란 자신의 감정이나 생각을 상대방이 잘 알고 있을 거라 여기는 착각을 말한다.

어떤 사람에게 누구나 다 아는 '떴다, 떴다, 비행기'라는 동요를 생각하면서 이에 맞춰 리듬을 타보라 하자. 그리고 이렇게 묻는다. "이게 어떤 노래인지 다른 사람들이 맞힐 것 같나요?" 이때 무려 80%의 사람들이 "쉽게 맞힐 것이다"라고 답한다. 그런데 직접 실험해보면 리듬을 들은 사람들은 고개를 갸우뚱거리면서 잘 알아맞히지 못한다. 그래서 정답률은 30%도 채 안 된다.

"당연히 알 것으로 생각했다"라는 입장과 "그걸 어떻게 아느냐"라는 입장 모두 투명성 착각에서 비롯된 것이다. 지나친 완곡어법을 사용했으면서 내 마음을 상대방이 알아주지 않는다고 속상해하는 경우가 있는데, 이 역시 투명성 착각에 해당한다.

술 약속이 있다는 이성 친구에게 "괜찮아. 나 신경 쓰지 말고 재미있게 놀아"라고 말해놓고 나중에 가서 "되게 재밌었나 봐? 나한테 연락 한 번 안 할 정도로?"라고 화를 내는 사람이 있다. 사실이렇게 말한 그 사람의 속마음은 이런 것이다.

'나는 사귀는 사람을 구속하지 않는 쿨한 사람으로 보이고 싶어. 그런데 신경은 쓰이니까 다른 이성은 없는지 인증 사진도 보내고, 네가 뭘 하는지 중간에 알아서 연락해.'

정말 나를 좋아하고 신경 쓴다면 이 정도는 다 알아서 헤아려줄 수 있지 않냐고 생각할 수 있지만 애석하게도 이 역시 투명성 착각에 속한다.

차라리 애인의 연락이 늦으면 '그럴 만한 이유가 있겠지, 나중에 연락 주겠지'라고 여유 있는 마음을 갖든가, 그도 안 되면 솔직하게 요구 사항을 말하는 것이 좋다. 관계에서 불필요한 오해와 갈등을 줄이려면 이런 심리 효과들을 잘 인식하고 분명하게 자신의 마음을 전달하도록 하자.

지금 행복하자고 하면서
왜 미래에 집착할까

〈개미와 베짱이〉의 만족 지연

옛날에 개미와 베짱이가 한마을에 살고 있었습니다. 어느 무더운 여름
날, 개미는 열심히 곡식을 모으고, 베짱이는 나무 그늘 밑에서 기타를 치
며 노래를 부르고 있었어요. 하루는 베짱이가 더운 여름날에도 쉬지 않
고 일만 하는 개미를 보고 말했습니다.

"개미야, 힘들게 일만 하지 말고 조금 쉬어가면서 해."

그러자 개미가 말했어요.

"겨울을 행복하게 보내려면 지금의 고통은 참아야 해."

"겨울? 지금 먹을 게 이렇게나 많은데 뭐하러 벌써 겨울을 걱정해?"

"넌 정말 한심하구나? 여름은 언제까지고 계속되지 않아. 지금 미리미리 식량을 준비하지 않으면 겨울에 굶어 죽게 될 거라고."

개미는 내심 베짱이가 못마땅했습니다. 개미에게 베짱이는 미래에 대한 아무런 희망이나 비전도 없는 한심한 청춘일 뿐이었죠.

어느덧 여름이 가고 혹독한 겨울이 왔어요. 겨울에 먹을 음식을 미리 준비하지 않은 베짱이는 먹이를 찾아 눈 속을 헤맸습니다. 하지만 아무것도 구할 수 없었지요. 매서운 추위에 베짱이의 정신은 점점 혼미해져 갔습니다.

그때 베짱이는 따뜻한 불빛이 새어 나오는 집을 발견했어요. 그곳은 바로 개미의 집이었지요. 개미는 여름날 열심히 일한 덕분에 아늑한 집에서 충분한 식량과 함께 편히 지내고 있었답니다.

베짱이는 개미의 집에 찾아가서 음식을 나눠달라고 부탁했어요. 하지만 개미는 매몰차게 문을 닫으며 말했어요.

"흥! 꼴좋다. 그 더운 여름날 내가 땀 뻘뻘 흘리면서 일하고 있을 때 넌 뭐했니? 한가롭게 기타나 치면서 노래만 불렀잖아. 그러게 이런 날을 대비해서 놀지 말고 열심히 일했어야지!"

〈개미와 베짱이〉이야기에서 개미는 부지런함의 상징으로 등장한다. 뜨거운 여름 내내 쉬지도 않고 일한 개미는 덕분에 춥고 혹독한 겨울을 풍족하게 보낸다. 개미의 이런 행동을 심리학에서는 '만족 지연'이라고 한다. 만족 지연이란 미래의 만족을 위해 현재의 만족을 얼마간 미루는 것을 말한다. 이 용어는 베스트셀러 《마시멜로 이야기》 덕분에 이미 많은 사람들이 알고 있는 것이기도 하다.

《마시멜로 이야기》는 미국 스탠퍼드대학의 미셸 박사가 한 '마시멜로 실험'을 기반으로 하고 있다. 실험 내용은 이렇다. 미셸은 4~6세 아이들을 한 명씩 방으로 데려갔다. 그리고 아이들에게 마시멜로를 나눠주면서 "선생님이 15분 뒤에 방으로 다시 올 텐데, 만약 그때까지 마시멜로를 먹지 않고 기다리면, 상으로 마시멜로를 하나 더 줄게"라고 말했다. 이때 아이들의 반응은 다양했다. 선생님이 방에서 나가자마자 마시멜로를 바로 먹어버리는 아이들이 있는가 하면, 15분을 꾹꾹 참고 결국 마시멜로를 하나 더 받아내는 아이들도 있었다.

실험이 끝나고 미셸은 실험에 참여했던 아이들의 성장 과정을 14년 동안 관찰했다. 그랬더니 놀라운 결과가 나타났다. 15분간 마시멜로의 유혹을 참아낸 아이들은 마시멜로를 바로 먹은 아이들보다 학교 성적이 훨씬 높았고 교우관계도 원만했다. 심지어 미국 대학에 지원할 때 쓰이는 SAT 평균 점수가 210점이나 높았다. 다시 말해 마시멜로의 유혹을 이겨낸 아이들이 그렇지 못한 아이들보다 성공적인 삶을 살 가능성이 훨씬 높았던 것이다. 그렇다면 어떻게 마시멜로를 먹고 안 먹고의 차이가 이러한 나비효과 같은 결과를 가져온 것일까?

사실 실험에 쓰인 마시멜로는 '유혹'을 상징한다. 그래서 '마시멜로가 먹고 싶다'는 욕구를 참는 것은 '인내력' 문제로 귀결된다. 아이들은 미래의 마시멜로를 하나 더 얻기 위해 눈앞에 있는 마시멜로의 유혹을 견뎌야 했기 때문이다. 마치 이솝 우화 속 개미가 여름에 당장 쉬고 싶은 마음을 꾹꾹 참은 것처럼 말이다.

미셸의 마시멜로 실험은 '참는 자에게 복이 있다', '고통 없이 얻을 수 있는 것은 아무것도 없다', '인내는 쓰다. 하지만 그 열매는 달다' 등 인생의 진리라 일컬어지는 수많은 격언과도 일맥상통하여 선풍을 일으켰다. 또 각종 자기계발서는 '만족 지연 능력이 성공의 열쇠다'라고 강조했다. 교육현장에서도 교사들이 학생들에게 삶에 도움이 되는 이야기로 마시멜로 실험을 자주 언급하기도 한다.

그렇다면 인내력은 기를 수 없는 것일까? 선생님이 나가자마자 마시멜로를 먹었다고 해서, 평생 유혹에 잘 넘어가고 인내력이 약한 사람으로 살아야 하는 걸까? 그건 아니다. 다행스럽게도 인내력을 기를 수 있는 구체적인 방법이 있다.

그 방법은 스탠퍼드대학의 반두라 명예교수와 그의 동료들이 한 실험에서 알 수 있다. 우선 연구자들은 실험 참가자들을 네 집단으로 나누었다. 그리고 참가자 모두에게 자전거 운동을 시켰다.

이때 첫 번째 집단에게는 운동 목표와 피드백을 아무것도 주지 않았다. 두 번째 집단에게는 목표만 주었고, 세 번째 집단에게는 피드백만을 주었다. 마지막으로 네 번째 집단에게는 목표와 피드백 둘 다 주었다.

여기서 말하는 목표란 "오늘은 어제보다 3분 더 운동을 하겠다"와 같은 것이었으며, 피드백은 "멋져요! 좋아요! 다리 근육이 좀 더 탄탄해진 것 같네요!" 같은 것들이었다.

실험 결과, 목표와 피드백 둘 다 주었던 네 번째 집단에서 자전거 운동 시간의 증가 폭이 가장 큰 것으로 나타났다. 즉 목표에 맞춰서 운동하고 주위 사람들로부터 피드백을 받을 때 인내력이 크게 향상된 것이다.

그런데 마시멜로의 실험대로 삶의 초점을 미래에 맞추고 현재의 행복을 미루는 것이 과연 옳은 것일까? 소련의 시인이자 소설가인 보리스 파스테르나크가 한 말이 있다.

"사람은 살려고 태어났지, 삶을 준비하려고 태어나지 않았다."

즉 미래에 대한 지나친 준비는 현재에 대한 낭비가 될 수 있다는 것이다.

예전에 한 강연 프로그램에서 어느 가수가 했던 말이 사람들의 공감을 불러일으킨 적이 있다. 그녀는 어느 날 아침에 "언니 운동화 좀 신고 나갈게" 하고 정말 아무렇지도 않게 나갔던 동생이 갑작스러운 사고로 숨지게 되면서 '오늘이 마지막 날이라는 생각으로 살자'는 생각을 가지게 되었다고 한다. 다음은 그 가수가 사람들에게 했던 말이다.

"늙어서 잘 살려고 오늘 먹고 싶은 아이스아메리카노를 참지 마세요. 몸 사리지 말고 하고 싶은 것 마음껏 하세요. 저금도 너무 많이 하지 마세요. 먹고 싶은 거 다 드세요. 안정적인 길이라고 공무원 합격이나 대기업 취업에 너무 매달리지 말고 삶을 낭만적으로 즐기세요. 오늘이 내일보다 더 중요한 날입니다. 올지 안 올지 모르는 미래 때문에 아름다운 젊음을 혹사하지 마세요."

〈개미와 베짱이〉 이야기에서 개미는 추운 겨울을 대비하기 위해 뜨거운 여름날 쉬지도 못하고 계속해서 일만 한다. 아마 개미는 나중에 이렇게 후회할지도 모른다. 자신이 덜 행복했던 것은 항상 현재의 행복보다는 미래의 행복만을 위해 살았기 때문이라고 말이다.

반면 베짱이는 현재의 행복에 좀 더 집중하며 살았다고 볼 수

심리학이 이토록 재미있을 줄이야

있다. 비록 추운 겨울날 먹을 것을 찾아 헤매는 신세가 되었지만, 대신 자신이 하고 싶은 것을 마음껏 즐기며 찬란한 여름날을 보냈기 때문이다.

인생에 정답은 없다. 가령 무사 앗사리드는 《사막별 여행자》라는 책에서 "20대가 벌써 50대 이후의 삶을 걱정할 필요는 없다"라며 현재의 행복을 강조했다. 그런데 리처드 탈러와 캐스 선스타인은 《넛지》라는 책에서 "당신은 은퇴 후의 삶을 준비하고 있는가? 아니라면 당장 책을 덮고 서둘러라"라고 말하며 미래의 행복에 주안점을 두었다.

정답을 모르겠다면 궁극적으로 자신의 행복이 어디에 있는지 매 순간 자각하려고 노력해야 할 것이다. 자신의 행복이 현재에 있는지, 미래에 있는지 말이다.

그런 의미에서 이솝 우화 〈개미와 베짱이〉의 결말을 이렇게 바꿔보면 어떨까?

베짱이는 개미의 집에 찾아가서 음식을 나눠달라고 부탁했어요. 하지만 개미는 매몰차게 문을 닫으며 말했어요.

"흥! 꼴좋다. 그 더운 여름날 내가 땀 뻘뻘 흘리면서 일하고 있을 때 넌 뭐했니? 한가롭게 기타나 치면서 노래만 불렀잖아. 그러게 이런 날을 대비해서 놀지 말고 열심히 일했어야지!"

개미에게 문전박대를 당한 베짱이는 추위와 배고픔, 그리고 서러움까지 겹쳐서 눈물이 났습니다. 이러다가는 정말 길거리에 쓰러져서 죽을 것 같았지요. 베짱이는 지금이 죽기 전 생애 마지막 순간이라고 생각하면서 온 힘을 다해 기타를 퉁기고 노래를 했답니다. 그러고 나서 기력이 다한 베짱이는 쓰러지고 말았어요.

그런데 이때 개미의 집 문이 스르륵 열렸습니다. 마지막이라 생각한 베짱이의 노래가 너무 구슬퍼서 개미의 심금을 울린 거예요.

개미는 서둘러 베짱이를 자신의 집으로 들였어요. 이내 기운을 차린 베짱이에게 개미의 아내가 말했습니다.

"베짱이님. 당신은 진정한 음악가예요. 여름에도 당신의 음악을 들으면서 숲속의 곤충들이 일하다가 힘을 낼 수 있었죠. 이건 아무나 할 수 없는 특별한 일이랍니다. 이 추운 겨울 동안 우리 집에 머물면서 아름다운 음악을 계속 들려주실 수 있나요?"

뜻밖의 제안에 베짱이는 너무 기뻤습니다. 하지만 자기를 싫어하는 개미가 마음에 걸렸어요. 그때 개미가 헛기침하며 말했습니다.

"뭐. 생각해 보니 여름날 음악 소리 때문에 덜 힘들었던 것 같기도 하고. 흠흠."

베짱이는 개미에게 따뜻한 미소를 지었습니다.

그해 겨울 베짱이는 따뜻한 개미집에서 좋아하는 바이올린을 실컷 켜며 행복한 겨울을 보낼 수 있었답니다.

심리학이 이토록 재미있을 줄이야

한 걸음 더

현재를 즐기려면 현재에 집중해야 한다

'카르페 디엠Carpe Diem'은 로마 시인 호라티우스가 한 말이다. 이 말은 '눈앞의 기회를 놓치지 말고 현재를 즐기라'는 뜻이다. 그런 데 많은 사람들은 과거에 너무 매여 있거나 미래에 대해 불안해하면서 현재를 즐기지 못하고 있다.

그렇다면 '현재를 즐기라'는 말은 구체적으로 어떻게 하라는 말일까?

첫째, 현재 내 몸의 감각에 집중한다. 다시 말해, 지금 내가 하는 일의 감각적인 부분을 천천히 주목해보는 것이다. 예를 들어 양치할 때 풍기는 치약 냄새와 칫솔이 치아에 닿는 느낌 그리고 칫솔을 움직일 때 나는 소리 등에 집중하는 것이다. 이 방법은 의식의 흐름을 현재로 가지고 오게 하는 데 도움을 준다.

둘째, 현재로 의식을 가져올 수 있는 활동을 한다. 구체적으로 명상하기, 요리하기, 그림 그리기, 자동차 내비게이션을 보지 않고 새로운 길로 가보기, 강아지 돌보기, 오늘 할 일 작성하기 등이 있다.

셋째, 현재 나에게 주어진 것에 감사한다. 이제는 익숙해진 것들을 새삼 새롭게 느껴보는 연습을 하는 것이다.

다시 마시멜로 실험으로 돌아가 보자. 어쩌면 이 실험에서 중요한 것은 '아이가 마시멜로를 바로 먹었느냐 안 먹었느냐'가 아닐지도 모른다. 선생님이 사라진 15분 동안 아이가 무엇을 하며 시간을 보냈는지가 더 중요할 수도 있다. 마시멜로를 바로 먹고 흥밋거리를 찾아서 15분을 알차게 보낸 아이가, 선생님이 올 때까지 마시멜로를 먹을지 말지 갈등하며 15분을 힘겹게 기다린 아이보다 더 행복한 삶을 살 수도 있는 것이다.

설득을 잘하고 싶다면
첫말을 잘해야 한다

〈비겁한 박쥐〉의 닻 내림 효과

아주 먼 옛날 평화로웠던 동물나라에 커다란 전쟁이 벌어졌습니다. 땅에 사는 들짐승과 하늘에서 사는 날짐승이 서로 자기네 힘이 더 세다고 우긴 것이었어요. 이들의 전쟁은 끝이 날 줄 몰랐답니다.

이 와중에 박쥐는 어느 편을 들까 고민했어요.

"옳지, 가만히 보고 있다가, 싸움에 이기는 쪽으로 붙어야지!"

그런데 상황을 가만히 보니, 들짐승이 전쟁에서 이길 것 같았어요. 그래서 박쥐는 들짐승의 왕인 사자에게 찾아갔습니다.

"사자님, 저를 보세요. 쥐와 닮았지요. 그러니 저도 들짐승이랍니다. 제가 들짐승의 편에 들어 싸울 수 있게 해 주세요."

사자는 박쥐를 조용히 보다가 대답했습니다.

"그렇게 하렴. 대신 열심히 싸워야 한다."

"네, 누구보다 용감하게 싸우겠습니다."

전쟁은 계속되었습니다. 그런데 날짐승이 돌멩이를 입에 물고 하늘에서 공격해 오자 이번에는 들짐승이 불리해졌어요. 들짐승은 날아오는 돌과 나무 조각을 피해 숲속으로 숨었습니다. 그 모습을 본 박쥐는 슬며시 걱정되었습니다.

'이러다가는 들짐승이 지겠는데. 어떻게 하지?'

그래서 박쥐는 날짐승의 왕인 독수리를 찾아갔습니다.

"독수리님, 저의 날개를 좀 보세요. 저도 날짐승이랍니다. 그러니 제가 날짐승과 함께 싸울 수 있도록 해 주세요, 부탁입니다."

"그렇게 해라."

독수리는 박쥐의 날개를 꼼꼼히 살핀 후 허락해 주었어요.

"네, 고맙습니다."

그 후로도 전쟁은 며칠이나 계속되었습니다. 결국, 들짐승과 날짐승은 모두 싸움에 지치고 말았지요. 그래서 사자와 독수리는 이런 소모적인 싸움을 하지 말자며 서로 화해를 청했습니다. 마침내 전쟁은 끝났고 다시 평화가 찾아왔습니다.

하지만 박쥐는 들짐승과 날짐승 모두에게서 따돌림을 당했어요.

"너는 날개가 있잖아. 그걸 이용해서 우릴 배신하다니. 너같이 비겁한 놈은 여기 두 번 다시 나타나지 마라."

사자가 말했습니다.

"너는 쥐를 닮았어. 그러니 들짐승이지. 근데 날짐승이라 하고 우리를 속이다니. 너와 다시는 상종을 하지 않겠어."

독수리가 말했지요.

그 말을 들은 들짐승과 날짐승은 박쥐를 둘러싸고 마구 꾸짖었어요. 박쥐는 너무 부끄러워서 동굴로 도망갔습니다. 그 후로 박쥐는 어두컴컴한 동굴에 숨어 살면서 밤에만 돌아다니게 되었답니다.

흔히들 박쥐를 배신의 아이콘으로 많이 생각한다. 그 이유는 박쥐가 이솝 우화에서 간에 붙었다가 쓸개에 붙었다 했기 때문이다. 일리 있는 말이다. 반면 혹자는 이런 박쥐를 처세술이 뛰어나다며 두둔하기도 한다. 이것도 일리 있는 말이다.

하지만 심리학도로서 무엇보다 주목해야 할 점은 박쥐의 '설득기술'이다. 박쥐는 자신의 모습을 제삼자가 먼저 무작정 판단하게 내버려 두지 않는다. 사자와 독수리가 박쥐의 모습을 판단하기 전에, 박쥐는 자신에 관한 특정 정보를 미리 일러 준다. 이러한 기법을 심리학에서는 '닻 내림 효과'라고 한다.

닻 내림 효과란, 닻을 내린 배가 크게 움직이지 않는 것처럼, 처음 제시된 정보가 기준점이 되어 판단에 영향을 미치는 것을 말한다. 즉 모르는 걸 판단할 때, 무의식적으로 처음 주어진 정보에서 크게 벗어나지 못하고 이를 기준으로 삼는 것이다.

박쥐는 이 닻 내림 효과를 미리 알고 있었던 걸까? 들짐승의 왕인 사자의 앞에서 박쥐는 자신이 쥐와 닮았다고 말한다. 이 정보를 들은 사자는 박쥐에게 날개가 있다는 사실을 무시하고, 대신 쥐와 닮은 점을 기준으로 박쥐를 들짐승이라 판단한다. 그런데 날짐승의 왕인 독수리의 앞에서 박쥐는 자신의 날개로 독수리를 설득한다. 이에 독수리는 박쥐가 쥐와 닮았다는 점을 간과하고 박쥐를 날짐승이라 판정한다.

이러한 닻 내림 효과는 간단한 실험을 통해서도 바로 알 수 있다. 두 사람만 있으면 실험을 진행할 수 있다. 방법은 이렇다. 한 사람에게는 '$1 \times 2 \times 3 \times 4 \times 5 \times 6 \times 7 \times 8$'의 값을 구하도록 하고 나머지 사람에게는 '$8 \times 7 \times 6 \times 5 \times 4 \times 3 \times 2 \times 1$'의 값을 구하게 한다. 이때 종이나 펜, 계산기는 사용하지 않는다. 그러면 수학적 천재가 아닌 이상 대략적인 직감이 작용할 수밖에 없는데, 보통 큰 숫자로 시작하는 두 번째 문제보다 작은 숫자로 시작하는 첫 번

심리학이 이토록 재미있을 줄이야

째 문제에서 낮은 값을 답하는 경우가 많다.

실제 실험 결과에 따르면 참가자들이 말한 답의 평균은 첫 번째 문제가 512였고, 두 번째 문제는 이보다 훨씬 더 많은 2,250이었다(정답은 40,320이다).

도대체 왜 이런 결과가 나오는 걸까? 역시 앞에서 말했던 닻 내림 효과 때문인데, 처음 제시된 숫자 1과 8이 각각 정신적 닻으로 작용해 일종의 기준점이 되었기 때문이다.

이러한 닻 내림 효과는 대니얼 카너먼과 아모스 트버스키가 〈사이언스〉에 처음 발표하면서 알려졌다. 실험 내용은 이렇다. 실험 참가자들은 행운의 룰렛 돌리기를 했다. 이 룰렛에는 0부터 100까지의 숫자가 적혀 있는데, 사실 룰렛은 10 아니면 65 이렇게 두 숫자에만 멈추도록 미리 조작되었다. 룰렛을 돌리고 난 후 실험 참가자들은 다음 2가지의 질문을 받았다.

1. 국제 연합에 가입한 아프리카 국가들의 비율은 방금 나온 숫자보다 클까, 작을까?
2. 국제 연합에 가입한 아프리카 국가들은 총 몇 %일까?

처음 이 질문을 들으면 이 분야에 지식을 가지고 있지 않은 이상 침묵할 수밖에 없다. 그래서 거의 찍기 수준으로 대답하게 되는데, 실험에서 아주 흥미로운 점이 발견된다.

룰렛을 돌려서 숫자 65가 나온 피실험자들의 질문 2에 대한 답의 평균값은 45%였고, 숫자 10이 나온 피실험자들의 평균값은 25%였다. 행운의 룰렛을 돌려서 나온 숫자가 실험 참가자들의 대답에 영향을 미친 것이다. 룰렛의 숫자와 국제 연합에 가입한 아프리카 국가들의 수는 전혀 상관이 없는데도 말이다.

이렇게 판단의 출발점이 아무런 근거 없이 황당하게 주어졌다 할지라도, 실험 참가자들은 자신도 모르게 이에 영향을 받아 최종 판단을 한 것이다.

정신적 닻은 무의식적으로 작용하기 때문에 광범위하게 적용 가능하다. 가까운 예로 마트의 광고 기법을 들 수 있다. 마트에서는 상품 가격을 표시할 때 일부러 높은 가격을 쓴 다음 그것을 빨간 줄로 긋고 그 옆에 낮은 가격을 적어 놓는다. 그러면 소비자는 높은 가격에 닻을 내려 가격이 싸졌다고 생각하여 물건을 구매하게 된다.

또 다른 예로 정치인들의 인상 형성을 들 수 있다. 어떤 정치인이 복지 정책을 내세우면서 '무상 교육, 무상 급식'을 슬로건으로 내세웠다고 하자. 유권자들은 이것이 현실적으로 불가능하다고 생각하면서도 이 슬로건에 정신적 닻을 내리게 된다. 즉 이 정치인은 복지에 힘쓰는 사람으로 인상이 형성되는 것이다.

닻 내림 효과를 악의적으로 사용할 수도 있다. '병역 특례'나 '부동산 투기'처럼 안 좋은 사건을 끌고 와 반대 당 정치인을 공격하는 것이다. 이때 사실이든 거짓이든 상관없다. 부정적 이미지를 유권자들에게 제시함으로써 거기에 정신적 닻을 내리게 하는 것이 목적이기 때문이다.

이처럼 닻 내림 효과는 정치인, 광고주, 협상가들이 원하는 바를 얻게 해 준다. 이런 점에서 본다면 박쥐는 뛰어난 협상가다. 각각의 상황에 맞게 기준점을 적절히 제시했기 때문이다.

그럼 닻 내림 효과로 인해 손해를 보지 않으려면 어떻게 해야할까? 그에 대한 해결방법은 앞에서 제시한 박쥐 이야기 끝에 나오는 사자와 독수리의 행동에서 찾을 수 있다.

싸움이 끝나고 평화가 찾아오자 사자는 박쥐가 들짐승이 아닌 이유를 살펴보았고, 독수리도 박쥐가 날짐승이 아닌 이유를 살펴보았다. 즉 자신이 애초에 접한 정보에서 '반대의 관점'으로 생각해 본 것이다.

다시 말해 어떤 결정을 내려야 할 때, 처음에 접한 정보에 의해 잘못된 결정을 하는 실수를 줄이고 싶다면 판단의 근거가 되는 정보를 맹신해서는 안 된다. 내가 가진 정보가 올바른지 다시 한번 생각하고 다른 관점은 없는지 고민해야 한다. 그래야만 판단의 정확도를 높일 수 있다.

한 걸음 더

원하는 것을 얻고 싶을 때 '닻 내림 효과'를 써보자

닻 내림 효과는 의외의 영역에서도 영향을 미친다. 예를 들면 가장 공정해야 하는 재판에서조차 그렇다. 재판은 흔히 엄밀하고 객관적인 결과를 내놓는다고 생각한다. 모든 것은 법에 자세히 나와 있으니 그대로 따르면 되지 않느냐는 것이다.

그런데 다음 실험을 보면 그렇지 않다. 판사 158명을 세 집단으로 나누고 보통 5년 이상의 형벌인 강간치상 사건을 모두에게 똑같이 보여 주었다. 이때 첫 번째 집단에서는 검사가 2년을 구형했고, 두 번째 집단에서는 10년을 구형했지만, 마지막 세 번째 집단에서는 검사가 아무런 구형을 하지 않았다. 과연 어떤 결과가 나왔을까?

검사가 10년을 구형한 두 번째 집단과 아무런 구형을 하지 않은 세 번째 집단에서 판사가 내린 판결의 평균은 약 57개월로 비슷했다. 그런데 검사가 2년을 구형한 첫 번째 집단에서의 판결 평균은 약 42개월, 다른 집단과 비교했을 때 큰 차이를 보였다. 무려 약 1년이나 낮게 판결한 것이다.

심리학이 이토록 재미있을 줄이야

사실 검사의 2년 구형은 법적으로 말이 안 될 정도로 낮은 형량이었지만 판사가 이에 영향을 받은 것이다. 따라서 잘못된 정보에 의해 자신의 주관이 흔들리지 않도록 이 '닻 내림 효과'를 주의해야 한다.

물론 반대로 이를 잘 활용할 수도 있다. 가령 배우자에게 용돈을 받는 경우라고 해보자. 사고 싶은 물건이 있을 때 닻 내림 효과를 활용하여 다음과 같이 해볼 수 있다. "사고 싶은 게임기가 있는데 50만 원이라더라" 하면서 일부러 큰 금액을 제시해보는 것이다. 그러면 당연히 배우자는 거절할 것이다. 하지만 괜찮다. 어차피 그 금액에 살 것도 아니었고, 단지 닻을 내린 것뿐이니까. 그러고 나서 며칠 후에 다시 이렇게 말해보자. "똑같은 상품이 중고거래에 10만 원으로 올라왔어. 40만 원이나 싼 거면 거의 거저야!" 물론 이런다고 100% 원하는 것을 얻을 수 있을 거라는 보장은 없지만, 조금이라도 가능성은 더 커질 것이다.

도울 사람이 많을수록
더 도와주지 않는다

〈성냥팔이 소녀〉의 방관자 효과

한 해가 저물어 가는 추운 겨울날, 한 소녀가 눈발이 매섭게 휘날리는 어두운 거리를 서성거리고 있었어요. 가난한 소녀는 얇은 옷에 신발도 신지 않은 맨발이었답니다. 사실 소녀는 집을 나설 때 자신의 발 크기보다 큰 어머니가 신었던 신발을 신고 있었습니다. 그런데 무서운 속도로 달려오는 마차를 피하다 그만 신발이 벗겨지고 말았답니다. 소녀는 신발을 찾아 두리번거렸지만 두 짝 중 한 짝은 찾을 수 없었어요. 그리고 남

심리학이 이토록 재미있을 줄이야

은 한 짝마저 어떤 사내아이가 가지고 달아나버렸답니다. 이런 까닭에 소녀는 살을 에는 듯한 추위에 맨발로 거리를 걷게 되었습니다.

소녀의 낡은 앞치마에는 한 무더기의 성냥이 있었고 나머지 한 다발은 손에 들려 있었어요. 소녀는 온종일 성냥을 팔러 다녔지만 성냥을 사는 사람은 아무도 없었어요. 소녀는 추위와 배고픔에 덜덜 떨면서 기다시피 살살 걸었어요. 어깨를 내리덮은 긴 금발 머리 위로 눈송이가 쌓여 갔지만 소녀는 무표정했답니다.

집집마다 창문에서는 따스한 불빛이 새어 나왔고 거리에는 거위 고기를 굽는 맛있는 냄새가 가득했어요. 그 날은 마침 한 해의 마지막 날이었던 것이지요. 물론 소녀도 그것을 알고 있었어요.

소녀는 처마가 쑥 나와 있는 집 사이의 귀퉁이에 몸을 웅크리고 앉았습니다. 작은 발을 엉덩이에 깔고 앉았지만 추위를 떨쳐버릴 수는 없었죠. 그래도 소녀는 집으로 갈 엄두가 나지 않았어요. 왜냐하면 성냥을 한 개비도 못 팔았으니 집에 가져갈 돈이 없고, 이 사실을 아버지가 알면 매 맞을 것이 분명했기 때문입니다.

동화 속 배경이 되는 날은 마침 한 해의 마지막 날이었다. 보통 연말에는 각종 행사가 열리고 길거리는 사람들로 북적거려 축제 분위기다. 특히 제야의 종소리가 울려 퍼지는 장소는 사람이 너무 많아서 길을 걸을 때 사람들에게 떠밀려 걸어야 할 정도다. 바로 그런 날, 가엾은 성냥팔이 소녀는 맨발로 종일 성냥을 팔러 다녔지만, 성냥을 사준 사람은 아무도 없었다.

이 동화를 읽으면서 '과연 이런 일이 가능할까? 동화 작가가 성냥팔이 소녀를 불쌍하게 보이려고 과장한 거 아냐?'라고 생각하는 사람이 꽤 많을 것이다. 하지만 이런 일은 실제로 충분히 일어날 수 있다. 바로 심리학의 '방관자 효과' 때문이다. 도대체 방관자 효과가 무엇이길래 추운 겨울날 맨발로 성냥을 파는 소녀를 아무도 도와주지 않게 만든 것일까?

방관자 효과란 어려움에 처한 사람을 목격한 사람이 많을수록 오히려 도움을 주는 사람은 적어지는 현상을 말한다. '내가 아니더라도 다른 사람이 도와주겠지' 하는 생각을 가지게 하기 때문이다.

이러한 현상을 연구하게 된 계기는 1964년 3월 미국 뉴욕의 한 주택가에서 벌어졌던 살인사건 때문이었다. 당시 28살이었던 제노비스라는 여성은 밤늦게 일을 마치고 집으로 돌아가다가 자신의 아파트 앞에서 강도를 만나 살해되었다. 이 사건과 관련하여 나중에 알려진 충격적인 사실이 있다. 강도는 35분 동안 그녀를 쫓아다니면서 세 차례나 칼로 찔렀는데, 이 과정을 무려 38명의 아파트 주민들이 숨죽여 보고 있었다는 것이다.

시민들의 두런거리는 소리에 놀란 살인자는 잠시 모습을 감추었지만, 아무런 일도 일어나지 않는 것에 안심하고 다시 돌아와 그녀를 쫓아가면서 칼로 찔렀다. 그러는 동안 경찰에 연락한 사람은 정말 단 한 명도 없었다. 그녀가 숨을 거둔 다음에야 마침내 경찰에 알렸을 뿐이다.

이 사건은 당시 미국 사회에 큰 충격을 주었다. 그 이유는 이것이 살인 사건이어서가 아니라 '왜 선량한 시민 중 단 한 사람도 경찰에 연락하지 않았는가'에 있었다.

이와 관련하여 오하이오주립대학의 심리학자 라타네는 실험을 하나 진행했다. 연구자들은 실험에 참가한 대학생들에게 설문지에 응답해달라고 요청했다. 그리고 설문지 응답이 끝나면 돌아오겠다고 말하고는 잠겨 있지 않은 조립식 커튼을 통해 옆방으로 사라졌다. 그리고 몇 분 후 대학생들에게 옆방에서 나는 삐걱거리는 소리와 의자가 넘어지는 소리, 사람이 바닥에 나뒹그러지는 소리, 그리고 고통에 찬 여자의 비명을 듣게 했다. 누가 들어도 분명 좋지 않은 일이 벌어지고 있는 듯한 소리였다. 사실 이 소리는 연구자들이 미리 녹음해둔 것이었다.

연구자들은 대학생들이 그 상황에서 여자를 돕기 위해 조치를 취할 것인지를 관찰했다. 실험 결과 방에 혼자 있는 경우에는 약 70%의 대학생들이 여자를 돕기 위해 옆방에 왔지만, 다른 사람들과 함께 있는 경우에는 겨우 20%만이 여자를 도와주러 왔다. 이 실험으로 도움이 필요한 상황에서 다른 사람이 있으면 남을 도우려는 행동이 현저히 줄어든다는 것이 밝혀졌다.

실험이 끝난 후 옆방의 사고 소리를 듣고도 여자를 도와주지 않았던 대학생들을 인터뷰했다. 그들은 자기와 같이 있던 사람들이 아무런 행동을 하지 않았기 때문에 그 사고가 심각하지 않을 것으로 생각했다고 답했다. 그런데 아무런 행동을 하지 않은 다른 사람들 또한 같은 생각을 하고 있었다. 여기에 방관자 효과의 원인이 있다. 바로 '방관자 모두의 무지'와 '책임감 분산'이다.

방관자 모두의 무지란 이런 것이다. 길거리에 어떤 사람이 쓰러져 있는 모습을 상상해보자. 어떤 생각이 드는가? '심장마비로 인한 위급상황인가?', '술에 취한 사람인가?', '도와줘야 하나?', '괜히 가까이 갔다가 봉변당하면 어쩌지?' 이런 생각을 하면서 주변 사람들을 살펴볼 것이다. 그런데 다른 사람들이 가만히 있으면 '다른 사람도 가만히 있으니 이건 위급한 상황이 아닌가 봐'라고 생각하면서 아무 일도 아니라는 듯이 행동한다. 그러나 이런 상황은 내가 다른 사람의 반응을 살피듯이 다른 사람도 나의 반응을 살피고 있는 것뿐이다.

책임감 분산이란 '다른 사람이 뭔가 조치를 취했을 거야'라는 생각을 은연중에 하는 것이다. '내가 성냥팔이 소녀의 성냥을 사

심리학이 이토록 재미있을 줄이야

주지 않아도 틀림없이 누군가가 사줬을 거야'라고 생각하는 것처럼 말이다. 하지만 이런 생각을 하게 되면 결국 그 많은 사람 중 아무도 소녀의 성냥을 사주지 않는다. 따라서 누군가 도움이 필요한 상황에서 '굳이 내가 아니더라도'라는 생각은 별로 좋지 않은 자세다.

그렇다면 위기에 처한 사람이 방관자 효과를 막으려면 어떻게 행동해야 할까? 첫 번째 방법은 다른 사람들에게 현재 상황이 위급하다고 느끼게 만드는 것이다. 동화를 보면 소녀는 한겨울에 성냥을 팔러 맨발로 돌아다니는 상황에서도 '무표정'을 유지했다. 길거리에 있던 수많은 사람 중에서 '소녀를 도와줘야 하는 건 아닐까?'라고 생각한 사람도 분명 있었을 것이다. 실은 대부분의 사람이 그런 생각을 했을지도 모른다. 그런데 그 소녀가 무표정으로 길을 걸어 다니니 '아, 내가 도와줄 만큼 위급한 상황은 아닌가봐'라고 생각하여 도움을 주지 않았을 가능성이 크다.

두 번째 방법은 불특정 다수에게 도와달라고 하는 대신 특정 인물을 지목해서 도움을 청하는 것이다. 성냥팔이 소녀는 "성냥 사세요. 성냥 사세요…"라고 말하기보다는 "거기 빨간 목도리 하신 분, 성냥 사주세요…"처럼 특정인을 지칭하며 부탁했어야 한다.

심폐 소생술 응급처치 교육을 할 때도 "제세동기 가져오시고 119에 신고 좀 해 주세요!"라고 교육하지 않는다. 특정인을 지칭

하며 "거기 파란 조끼 입으신 분 제세동기 가져오시고, 노란 옷 입으신 분이 119에 신고 좀 해 주세요!"라고 말하도록 교육받는다. 이렇게 하면 도움을 받을 가능성이 훨씬 더 커지기 때문이다.

　방관자 효과를 막을 수 있는 세 번째 방법은 정보의 역할이다. 이미 방관자 효과를 알고 있는 사람은 똑같은 상황에 처했을 때 방관자 효과를 모르는 사람보다 조치를 취할 확률이 높다. 이 글을 읽는 독자는 이제 방관자 효과를 알았으니 다른 사람보다 행동에 나설 가능성이 커지게 되었다. 그러니 어려운 사람을 보면 '누군가가 도와주겠지'라며 지나치기보다는 '내가 먼저'라는 생각으로 손을 내밀어보자. 그러면 나 이외에도 제2, 제3의 인물이 나타나 도움을 줄 것이다.

심리학이 이토록 재미있을 줄이야

한 걸음 더

평범한 영웅은 못 되더라도 조력자는 되어야 한다

이제 방관자 효과는 SNS에서도 나타난다. 영국 BBC 방송국의 한 기자가 자신의 트위터에 사진 한 장을 올렸다. 그 사진은 금발의 한 여성이 지하철 좌석에 앉아 자고 있는 듯한 사진이었다. 그런데 그 여자의 발 아래에는 피자 한 판이 쏟아진 채로 있었다. 이 사진은 무려 2만 건이 넘게 리트윗되었는데, 이 사진에 대한 댓글들은 "피자는 아직 먹어도 괜찮을 것 같은데?", "저 여자는 출근 중인 건가, 아니면 퇴근 중인 건가" 등이었다. 정말 피자를 쏟을 정도로 깊게 잠이 든 건지, 아니면 혹시 그녀가 정신을 잃고 기절해버린 건 아닌지를 걱정하는 댓글은 거의 없었다. 이 사진을 찍은 기자도 마찬가지다. 그가 최초로 한 행동은 그녀의 안전을 확인하는 것이 아니라 사진을 찍어서 SNS에 올린 것이었으니 말이다.

이뿐만 아니다. 인터넷을 서핑하다 보면 대신 신고를 하거나 도움을 줘야 할 것 같은 영상이 종종 있다. 그래서 걱정되는 마음에 댓글 창을 확인해보면 "이건 짜고 치는 고스톱일 것이다", "이게 진짜면 벌써 누군가 신고했을 것이다"라는 댓글이 보인다. 그러면 '그래, 그렇겠지?' 하고 불편한 마음을 애써 넘기며 다른 창으로 넘어간다. 이런 행동도 다 방관자 효과라 볼 수 있다.

그런데 최근 방관자 효과가 사실이 아닐 수도 있다는 연구가 있었다. 영국의 랭커스터대학의 리처드 필포트와 그의 연구팀에 의하면, 폭력 상황이 담긴 CCTV 영상을 조사한 결과 해당 사건들의 90%는 적어도 한 사람이 도움을 주려고 했다는 사실이 드러났다. 이를 통해 연구자들은 방관자의 존재가 오히려 누군가가 개입할 확률을 증가시킨다고 결론을 내렸다. 즉 주변에 사람이 많을수록 뭔가 할 수 있는 잠재력이나 의지가 있는 사람의 수가 증가할 가능성이 커진다는 것이다.

결국, 중요한 것은 돕고자 하는 마음과 의지다. 법으로 정해져 있지 않더라도 타인을 도와주려는 사람은 분명 있다. 나부터라도 누군가 곤경에 처했을 때 도움의 손길을 내밀 수 있는 사람이 되도록 노력하자. 그런 분위기가 사회적으로 충만해져야 내가 도움이 필요할 때 좀 더 쉽게 도움을 받을 수 있을 테니 말이다.

육체의 허기보다
마음의 허기가 더 괴롭다

〈백설공주〉의 접촉 위안

백설공주가 아직 살아 있다는 것을 요술 거울로 확인한 왕비는 독이 묻은 머리빗을 만들었습니다. 그런 후 왕비는 또다시 변장을 하고 백설공주가 있는 일곱 난쟁이들의 집에 찾아갔어요.

"좋은 빗 사세요. 빗기만 해도 머릿결이 고와지는 예쁜 빗이에요!"

문밖에서 방물장수로 변장한 왕비는 계속 외쳤습니다.

"아가씨, 이런 빗은 귀한 물건이라 손에 넣기 어려워요. 아가씨의 곱고

탐스러운 머리를 잘 빗겨줄 빗이랍니다."

백설공주는 잠시 망설이다가 '이렇게 친절한 할머니를 의심해서는 안 된다'고 생각해서 문을 열어 주었습니다.

"할머니, 잠깐 들어오세요."

방물장수 할머니는 싱글벙글 웃으면서 곧장 백설공주의 곁으로 다가 왔습니다.

"아가씨, 정말 아름다워요. 제가 직접 빗질해 줘도 될까요?"

방물장수 할머니가 공주의 머리를 만지면서 상냥하게 말했습니다.

백설공주는 기분이 좋아져서 친절한 할머니가 하라는 대로 머리를 맡겼습니다. 방물장수는 백설공주의 등 뒤로 돌아가서 독이 든 빗으로 백설공주의 머리를 빗기 시작했습니다. 그러자 이내 백설공주는 정신을 잃고 쓰러져버렸습니다. 빗에 미리 발라 두었던 독이 공주의 몸에 스며들고 만 것입니다. 방물장수로 변장한 왕비는 쓰러진 백설공주를 보고 기뻐하며 궁전으로 돌아갔습니다.

일을 마치고 온 일곱 난쟁이들은 이번에도 쓰러져 있는 백설공주를 보고 깜짝 놀랐습니다. 다행히 한 난쟁이가 백설공주의 머리에 꽂혀 있는 빗을 찾아냈습니다. 그 빗을 뽑아내자 백설공주는 숨을 크게 들이키며 눈을 떴습니다. 백설공주는 일곱 난쟁이들에게 자초지종을 설명했어요.

"아무리 친절한 사람이라도 집에 들이지 말라고 했는데, 또 잊으셨나 보군요."

"이번에도 실패했으니까 왕비가 또 변장해서 공주님의 목숨을 노릴 거예요. 제발 앞으로는 절대 문을 열어 주지 마세요."

백설공주는 난쟁이들에게 앞으로는 절대 낯선 사람에게 문을 열어 주지 않겠다고 단단히 약속하였습니다.

동화에서 백설공주는 몇 번이나 죽을 고비를 넘긴다. 동화를 읽어보면 백설공주는 처음에는 살인청부업자인 사냥꾼에게 죽을 뻔하다가 사냥꾼이 그녀를 가엽게 여긴 덕분에 겨우 살아난다. 바로 이 장면 때문에 사실 백설공주를 제일 사랑한 건 왕자도 난쟁이도 아닌 사냥꾼이라는 설이 떠도는 것이다. 백설공주의 심장 대신 멧돼지의 심장을 가져가 왕비에게 바친 사냥꾼은 백설공주를 위해 유일하게 목숨을 건 인물이니 말이다. 그렇게 얻은 목숨, 백설공주는 귀하게 여길 줄 알아야 하는데 도통 그렇지가 않다. 낯선 사람에게 문을 너무 쉽게 열어 주기 때문이다.

난쟁이 집에 얹혀사는 동안 백설공주는 허리를 꽉 조이는 레이스끈과 독이 묻은 빗 때문에 거의 죽다 살아난다. 이 과정에서 난쟁이들은 백설공주에게 "절대 낯선 사람에게 문을 열어 주지 마세요"라고 여러 번 신신당부한다. 하지만 백설공주는 낯선 사람에게 자꾸만 문을 열어 준다. 그리고 결국 왕비의 꼬임에 넘어가

독사과를 먹고 깊은 잠에 빠지고 만다.

도대체 왜 백설공주는 자꾸만 문을 열어 주었을까? 그것은 아마 '외로움' 때문일지도 모른다. 한번 생각해 보자. 백설공주는 일곱 난쟁이들의 집에 종일 혼자 있었다. 그러니 분명 외로웠을 것이다. 그래서 낯선 사람이 찾아오면 반가움에 문을 열어 준 것일수 있다. 누군가와의 '접촉'이 필요해서 말이다.

접촉의 중요성을 잘 보여주는 심리학 실험이 하나 있다. 바로위스콘신대학의 해리 할로우가 실시한 '접촉 위안' 실험이다. 그가 이 실험을 하게 된 계기는 다음과 같다.

2차 세계대전 당시 수많은 전쟁고아가 발생했다. 이탈리아의한 보육원은 이러한 아이들을 맡아서 키웠는데, 이 보육원은 국가의 지원을 받는 보육원으로 민간 보육원보다 시설이나 식단의영양 상태가 훨씬 좋았다. 게다가 위생을 중요시해서 아이들 한명 한명을 격리해서 키웠다.

그런데 이상한 점이 나타났다. 환경이 열악한 민간 보육원에 있는 아이들보다 이 보육원에 있는 아이들의 사망률이 훨씬 더 높았다. 게다가 생존한 아이들도 신체적, 정신적으로 발달이 부진한 것으로 나타났다.

그 이유를 알아보기 위해 할로우는 원숭이를 이용해서 실험 하나를 진행했다. 그는 태어난 지 얼마 안 된 새끼 원숭이를 어미로

심리학이 이토록 재미있을 줄이야

부터 격리했다. 그리고 새끼 원숭이에게 '철사로 된 엄마'와 '헝겊으로 된 엄마'를 만들어 주었다. 이때 철사로 된 엄마는 몸통을 철사로 만들어서 촉감은 별로 좋지 않았다. 하지만 가슴에 우유병을 달아 새끼 원숭이가 배고플 때 먹을 수 있도록 하였다. 반면 헝겊으로 만든 엄마는 철사로 된 엄마와 다르게 촉감이 따뜻했다. 하지만 우유병이 없어서 새끼 원숭이에게 먹을 것을 제공해 줄 수는 없었다.

얼핏 생각해 보면 생존에서 가장 중요한 것은 먹을 것이므로, 새끼 원숭이는 당연히 철사로 만든 엄마에게 매달릴 것 같았다. 하지만 실험 결과는 모두의 예상을 비껴갔다. 새끼 원숭이는 철사로 만든 엄마가 아니라 헝겊으로 만든 엄마를 온종일 부둥켜안고 있었다. 심지어 배가 고플 때도 새끼 원숭이는 헝겊으로 만든 엄마에게서 떨어지지 않았다. 대신 철사로 만든 엄마의 가슴에 있는 우유병으로 입만 가져가 허기를 채웠다. 더 놀라운 것은 새끼 원숭이에게 매우 큰 소리를 들려주거나 무서운 기계로 위협을 가할 때였다. 그때마다 새끼 원숭이는 헝겊으로 만든 엄마에게 달려가 매달렸다.

이 실험을 진행하기 전인 1950년대까지는 아기가 엄마에게 애착을 갖게 되는 이유가 '자신의 배고픔을 엄마가 해결해 주기 때문'이라고 생각했다. 이를 '찬장 이론'이라고 한다. 찬장 이론이란 아이가 엄마를 우유 창고와 같은 개념으로 이해한다는 의미에서 생긴 이름으로, 아기가 엄마를 단순히 생존하기 위해서 사랑한다는 것을 말한다.

그러나 할로우의 새끼 원숭이 실험을 통해 찬장 이론의 한계가 밝혀졌다. 더불어 모든 것이 풍족하고 청결한 보육원에서 아이들이 죽어간 이유도 알 수 있었다. 바로 '애정이 담긴 접촉의 부재' 때문이었다.

누군가와 접촉하고 누군가를 쓰다듬거나 안아 주는 행위는 정말 중요하다. 하지만 이것은 생각만큼 쉬운 일이 아니다. 그래서 이를 위한 캠페인까지 있었는데, 대표적인 것이 바로 '프리 허그Free Hug' 운동이다. 프리 허그 운동 방법은 간단하다. 어떤 사람이 'Free Hug'라고 적힌 피켓을 들고 기다리다가 지나가는 사람이 포옹을 청하면 안아 주는 것이다.

이 캠페인은 제이슨 헌터라는 미국인에 의해 처음 시작되었다. 제이슨은 어머니의 장례식에 오는 사람들이 하나같이 "네 어머니가 나에게 해 준 포옹이 참 위로가 되고 힘이 되었다"라고 말하는 것을 발견했다. 이에 영감을 받은 그는 프리 허그 운동을 시작했다. 이를 후안 만이라는 호주인이 유튜브에 동영상을 올리면서 이 운동은 전 세계로 급속히 퍼져나갔다.

다시 백설공주의 이야기로 돌아가 보자. 백설공주는 태어난 지

얼마 안 돼서 어머니를 여의었다. 어머니의 따뜻한 품을 느낄 새도 없이 말이다. 또 백설공주의 아버지는 한 나라의 왕이어서 딸을 직접 보살피는 시간이 많지 않았을 것이다. 시녀들도 신분의 차이 때문에 백설공주를 편하게 대하기 어려웠을 거다. 마치 이탈리아의 보육원처럼 백설공주에게는 청결한 환경과 풍부한 음식만 제공된 것이다. 그러다가 새로 맞이하게 된 새엄마는 백설공주를 시기해서 죽이려 한다. 이를 피해 백설공주는 일곱 난쟁이들의 집으로 도망쳤지만, 난쟁이들은 아침 일찍 일하러 나갔다가 밤늦게 돌아온다. 그동안 백설공주는 온종일 집에 혼자 있을 수밖에 없었다.

이 상황에서 누군가 자신을 애타게 찾는다면 기분이 어떨까? 한번 백설공주의 입장에서 생각해 보자. 나에게 말을 걸어 주고, 나와 접촉하기를 원하는 사람이 지금 문밖에 서 있다. 과연 모른 척 할 수 있을까? 아마 힘들 것이다. 어린 시절에 다른 사람으로부터 충분한 접촉을 받지 못하면 어른이 되어서도 그 접촉을 갈망하게 되기 때문이다.

그럼 왜 우리는 신체적 접촉을 할 때 마음의 안정감을 느끼는 걸까? 그에 대한 답은 생물학에서 찾을 수 있다. 사람의 피부에는 'C-촉각 신경섬유'라는 것이 있다. 이 신경섬유는 신체적 접촉을 할 때 가장 활성화되는데, 이 정보가 뇌섬엽으로 전달되면 엔도

르핀이 분비되고 그 엔도르핀을 통해 우리의 기분이 좋아져 마음
이 안정된다. 이러한 이유로 심리학에서는 접촉을 단순히 '접촉'
이라 하지 않고 '접촉 위안'이라고 한다.

따라서 백설공주가 자꾸 낯선 사람에게 문을 열어 준 것은 바보
여서가 아니다. 타인으로부터 접촉 위안을 받고 싶었던 백설공주
의 필사적인 노력이라 볼 수 있다.

심리학이 이토록 재미있을 줄이야

한 걸음 더

사람으로부터 받은 상처는 사람으로 치유할 수 있다

철학자 사르트르는 "타인은 지옥이다"라는 말을 남겼고, 심리학자 아들러는 "인간의 모든 고민은 관계에서 오는 것이다"라고 말했다. 이는 인간관계로 인해 받는 상처는 필연적이라는 말이다. 무인도에서 혼자 살지 않는 이상 우리는 관계로 인한 상처를 받을 수밖에 없다.

그렇다면 상처받지 않기 위해 타인과의 관계를 끊고 혼자 살아야 하는 것일까? 그렇지 않다. 관계를 맺지 않고 혼자 사는 것보다 다른 사람과 관계를 맺고 사는 것이 우리의 삶을 훨씬 더 풍요하게 만들기 때문이다.

우선 다른 사람들과 의미 있는 관계를 맺는 사람은 그렇지 못한 사람보다 더 건강하게 오래 산다. 건강 심리학자 로블즈의 연구에 따르면 아무리 "죽네 사네" 해도 부부일 때가 혼자일 때보다 암, 우울증, 독감 등의 질병에 걸릴 확률이 훨씬 낮았다.

이뿐만 아니다. 심리학자 슈날은 한 연구에서 피실험자들에게 높은 언덕을 걸어 내려오게 시켰다. 이때 한 집단은 혼자 내려오게 했고, 다른 집단은 친구와 함께 내려오게 했다. 그러고 나서 모든 피실험자에게 언덕이 얼마나 비탈져 있었는지를 평가하게 했다. 그랬더니 혼자 내려온 참가자들이 함께 내려온 참가자들보다 언덕이 더 가파르다고 평가했다. '백지장도 맞들면 낫다'와 같은 이치다.

그렇다면 나에게 의미 있거나 가까운 사람만이 도움되는 것일까? 그렇지 않다. 처음 보는 사람이어도 의지하고 싶은 마음은 생긴다. 심리학자 사모프와 짐바르도는 이와 관련된 실험을 위해 피실험자들을 두 집단으로 나누었다. 그리고 한 집단에는 기분 좋은 전기 자극을 받게 될 것이라고 말하고, 다른 집단에는 기분 나쁜 전기 자극을 받게 될 것이라고 말했다. 그 후 모든 피실험자에게 대기실에서 기다릴 때 혼자 있을 건지 아니면 다른 사람들과 함께 있을 건지를 물었다. 그랬더니 기분 나쁜 전기 자극을 받게 될 것이라는 말을 들은 집단일수록 다른 사람들과 함께 있으려는 경향이 높았다.

이러한 실험 결과는 외롭거나 힘든 상황에서 모르는 사이일지라도 누군가와 함께 있는 것이 아무도 없이 혼자 있는 것보다는 낫다는 것을 보여 준다.

06

왜 내가 응원하는 팀은
매번 지는 걸까

〈새벽닭과 일꾼〉의 착각적 상관

"꼬끼오 꼬꼬!"

새벽이 되면 수탉이 이렇게 화를 치며 소리칩니다. 그러면 농장의 하루가 시작되지요. 그러면 일꾼들은 자리에서 일어나 마당을 쓸고 오늘 해야 할 일을 준비합니다. 그런데 이 농장에는 아주 게으른 일꾼이 한 명 있었어요.

"아유, 졸려! 또 망할 놈의 새벽이 왔구나. 새벽 따위는 제발 안 왔으면 좋겠어. 잠 좀 실컷 자게 말이야."

게으른 일꾼은 아침에 일어날 때마다 늘 이렇게 투덜거렸습니다.

"새벽이 안 오게 하는 방법은 없을까?"

게으른 일꾼은 마당을 쓸다 말고 종종걸음치며 돌아다니는 수탉을 흘겨보았어요.

"얄미운 놈! 새벽이 오면 저놈이 맨 먼저 일어나 울어댄단 말이야."

그러다 갑자기 엉뚱한 생각이 떠올랐습니다.

"가만있자… 저놈을 죽이면 새벽이 오지 않겠군!"

게으른 일꾼은 무릎을 '탁' 치며 좋아했어요.

그날 저녁, 일꾼은 아무도 모르게 수탉을 숲속으로 끌고 갔답니다.

"난 새벽이 오는 게 싫어. 그런데 네 놈이 늘 시끄럽게 울어대서 새벽을 부르거든. 그러니 넌 죽어야 해."

수탉은 깜짝 놀랐어요. 그래서 일꾼에게 말했지요.

"새벽은 제가 불러오는 게 아니에요. 저는 단지 남들보다 좀 부지런할 뿐이에요."

"듣기 싫어!"

일꾼은 잔인하게 수탉의 목을 비틀어 수탉을 죽여버리고 말았습니다.

"이제 새벽이 오지 않겠군. 그럼 실컷 자 볼까?"

일꾼은 손을 탁탁 털며 방으로 들어가 잠을 잤어요.

다음 날 새벽, 농장에서는 수탉이 울지 않았습니다. 하지만 사람들은 모두 일찍 일어나 부지런히 일했어요. 어째서 수탉이 울지 않는지 좀 이상하게 생각하기는 했지만요.

그러나 게으른 일꾼은 쿨쿨 잠만 자고 있었습니다. 수탉을 죽였으니 새벽이 오지 않을 거라고 믿고 안심한 것이지요. 게으른 일꾼이 보이지 않자, 농장 사람들은 일꾼 방으로 가보았습니다.

"이런 게으름뱅이 같으니라고! 한나절이 되도록 잠만 자고 있어. 썩 일어나지 못해!"

사람들은 게으른 일꾼을 두들겨 깨웠습니다. 일꾼은 눈을 비비며 일어나서 고개를 갸웃거렸어요.

"어? 날이 밝았어요? 이상하다. 수탉도 없는데 어떻게…"

게으른 일꾼은 무심코 이렇게 중얼거렸습니다. 농장 사람들은 그 말을 듣고 깜짝 놀랐어요.

"뭐라고? 이제야 알겠군. 바로 저 게으름뱅이가 수탉을 죽인 거야."

"어쩐지 오늘 수탉이 울지 않더라니."

"예끼, 이 게으른 놈! 어디 혼 좀 나 봐라!"

농장 사람들은 게으른 일꾼을 마구 때려 농장에서 내쫓았습니다. 농장에서 쫓겨난 일꾼은 엉엉 울면서 중얼거렸지요.

"아이고, 닭의 목을 비틀어도 새벽은 오는구나…"

이 동화에 나오는 게으른 일꾼은 '수탉 때문에 새벽이 온다'라고 판단하여 수탉을 죽였다. 사실 새벽이 오는 이유는 지구가 돌아서 그런 것이지 수탉이 울어서가 아니다. 즉 일꾼은 아무 상관도 없는 수탉과 새벽이 서로 관련 있다고 생각한 것이다.

우리는 이 일꾼을 보며 어리석다고 비웃지만, 사실 우리도 이와 같은 행동을 종종 한다. 가령 학교에서 복장 검사에 걸린 한 학생이 "어쩐지 아침에 똥을 밟더라니, 운이 안 좋군"이라고 말하는 것을 들 수 있다. 똥을 밟은 일과 선생님이 복장 검사를 한 것 사이에는 아무런 상관이 없는데, '내가 똥을 밟아서 선생님께 걸렸다'라고 생각하는 것이다.

이렇듯 별개의 두 사건이 아무런 관련이 없을지라도, 두 사건 사이에 상관관계가 있다고 착각하는 것을 심리학에서 '착각적 상관'이라고 한다.

이 착각적 상관의 개념을 다음 속담에 적용해보자. 우리나라 속담에 '까마귀 날자 배 떨어진다'라는 속담이 있다. 사실 까마귀가 날아간 것과 배가 떨어진 것에는 아무런 상관이 없다. 그런데도 배가 떨어진 이유를 까마귀 때문으로 생각한다는 것이다.

또 어떤 사람들은 "내가 본 경기는 항상 진다"라고 말한다. 이것이 바로 착각적 상관의 대표적인 예다. 사실 내가 경기를 보는 것과 팀이 경기에서 진 것은 전혀 상관이 없다. 그런데도 사람들은

심리학이 이토록 재미있을 줄이야

"내가 경기를 봐서 진 거야"라고 말한다. 만약 그 경기가 한일 축구경기였다면 일본이 한 골 넣었을 때, '나 때문에'라는 죄책감은 더욱 심해진다. 그러고는 '우리나라를 위해서 차라리 경기를 안 보겠다'고 결심까지 하게 된다. 마치 '수탉이 우니까 새벽이 온다'라고 생각해 수탉을 죽인 어리석은 일꾼처럼 말이다. 하지만 내가 경기를 보는 것과 응원하는 팀이 패배하는 것은 아무런 관련이 없다.

〈개구리 중사 케로로〉라는 애니메이션 주제곡에서도 착각적 상관을 찾을 수 있다. 바로 '큰맘 먹고 세차하면 비 오고, 소풍 가면 소나기, 급하게 탄 버스 방향 틀리고, 건널목에 가면 항상 내 앞에서 빨간불'이라고 하는 대목이다. 내가 세차하는 것과 비가 오는 것은 별개임에도 불구하고 "꼭 내가 세차하면 비 오더라" 하는 식으로 두 사건을 연관 짓는 것이다. 같은 맥락에서 흔히 우리가 말하는 징크스나 머피의 법칙도 착각적 상관이라 할 수 있다.

착각적 상관의 예는 결벽증으로 유명한 한 방송인의 선수 시절에서도 찾을 수 있다. 그는 시합 전에 전쟁에 나가는 장수의 심정으로 집을 청소했다고 한다. 그런데 이 버릇이 자꾸 반복되다 보니 자신도 모르게 결벽증으로 이어졌다는 것이다. 실제로 한 방송에서 공개된 그의 생활을 보니, 음료수를 반드시 유통기한이 보이도록 세우거나 화장품 뚜껑의 방향을 모두 같은 방향으로 정렬해 놓는 등의 모습을 보였다.

사실 엄밀하게 말하면 화장품 뚜껑의 방향을 어디로 놓든, 그것은 경기 결과에 아무런 영향을 미치지 않는다. 하지만 화장품 뚜껑을 가지런히 정렬해 놓은 날에는 좋은 성적을 내다가 그렇지 않은 날에는 참패했다면, 화장품 뚜껑은 이제 단순한 화장품 뚜껑이 아니게 된다. 자신의 승리를 비는 하나의 의식이 되어버린 것이다.

한편 소수 집단에 대한 고정관념과 편견도 착각적 상관에 의해 유발될 수 있다. 이와 관련해 심리학자 해밀턴과 기포드가 했던 실험 하나가 있다.

연구자들은 무작위로 구성된 집단 A와 집단 B가 있다고 실험 참가자들에게 말했다. 이때 집단 A는 30명이고 집단 B는 15명이라는 사실과, 두 집단이 다음처럼 좋거나 나쁜 행동을 했다고 알려 줬다.

- 집단 A의 구성원들은 20가지의 좋은 행동과 10가지의 나쁜 행동을 했다.
- 집단 B의 구성원들은 10가지의 좋은 행동과 5가지의 나쁜 행동을 했다.

연구자들은 나쁜 행동과 좋은 행동이 적힌 문장을 집단 구분 없이 순서를 섞어서 실험 참가자들에게 읽어 주었다. 그리고 두 집단의 성정을 평가하라고 했다. 그 결과 실험 참가자들은 구성원 수가 적었던 집단 B가 구성원 수가 많았던 집단 A보다 나쁜 행동을 더 많이 저질렀다고 말했다. 앞에서 두 집단이 보인 좋은 행동과 나쁜 행동의 비율이 2대 1로 같다고 알려 주었는데도 말이다.

즉 실험 참가자들은 집단 B가 소수 집단이라는 이유만으로 집단 B를 나쁘게 평가한 것이다. 사실 집단 구성원의 수가 적다는 것과 나쁜 행동을 하는 것 사이에는 아무런 관계가 없다. 하지만 실험 참가자들은 두 사건을 연결 지었고 그 결과 착각적 상관이 일어난 것이다. 이 실험은 소수 집단에 대한 안 좋은 편견이 얼마나 쉽게 형성될 수 있는지 잘 보여 준다.

이 실험 결과를 실생활의 예로 들면 이런 식이다. 다들 한 번쯤 '김여사'란 단어를 들어봤을 것이다. 원래 김여사는 운전에 서툰 여성을 가리켰다. 그런데 시간이 지나면서 이 단어가 무개념 여성 운전자에게까지 적용되었다. 이는 과거에 여성 운전자가 남성 운전자보다 수가 적어서 생겨난 말이다. 즉 여성 운전자가 소수 집단이었기 때문에 여성 운전자의 실수가 남성 운전자의 실수보다 더 크게 느껴졌던 것이다. 이는 결국 착각적 상관으로 인해 여성 운전자에 대한 편견이 일어났다고 볼 수 있다.

그럼 우리의 뇌는 왜 착각적 상관을 일으키는 걸까? 그 이유는 상황을 통제하고 싶어 하는 인간의 마음 때문이다.

상황을 통제하고 싶어 하는 인간의 마음은 매우 강렬하다. 가령 우리가 윷놀이를 할 때 "모 나와라!" 하며 윷을 던지는 것을 들 수 있다. 만약 모가 나오면 상대 팀보다 더 빨리 승기를 잡을 수 있기 때문이다. 이처럼 우리는 사소한 행동에서조차 상황을 통제하고 싶어 한다.

하버드대학 심리학과 교수 엘렌 랭거는 이러한 욕구가 건강에 미치는 영향을 노인들을 대상으로 알아보았다. 그녀는 요양시설에 있는 노인들을 두 집단으로 나누고, 한 집단에게는 "저희가 다 알아서 관리해 드릴게요"라고 말하며 노인들의 자율성을 제한했다. 반면 다른 집단에게는 시설 운영에 노인들이 직접 참여할 수 있도록 노인들에게 자율성을 부여했다. 이후 약 3주 뒤에 두 집단의 건강 상태를 비교했다.

그 결과 시설 운영에 직접 개입하면서 자신의 통제력을 행사한 노인들의 경우 표정이 밝아지고 신체적 활동도 늘어나 시설에 대한 만족도가 높은 것으로 나타났다. 반면 자율성을 제한받은 노인들은 모든 면에서 나쁜 수치를 보였다.

사람들은 스스로 상황을 통제할 수 있는 능력을 갖추고 있거나 가지고 있다고 생각될 때 삶의 만족도가 높아진다는 사실이 이 실험을 통해 밝혀진 것이다.

굳이 엘렌의 실험을 모르더라도 통제감의 중요성은 일상생활에서도 쉽게 느낄 수 있다. 가령 당신이 버스를 기다리는데 버스 도착 시각을 모른다고 해보자. 이것이 얼마나 불편할지 구구절절 설명하지 않아도 알 것이다.

지금까지의 설명을 통해 인간은 어떤 일이 벌어지면 그 일이 일어난 원인을 찾고, 다음에도 똑같은 일이 일어나도록(혹은 일어나지 않도록) 하려는 경향이 있음을 알 수 있다. 동화에서 게으른 일꾼이 새벽이 오지 않게 수탉을 죽인 것이나 시험 날 낙방하지 않기 위해 미역국을 안 먹는 것 등도 다 통제감에서 기인한 행동이다.

정리하면 착각적 상관은 통제감 때문에 일어난다. 우연한 사건들이 나의 통제하에 있다고 착각하여 심리적 안정감을 꾀하는 것이다. 그러나 착각적 상관이 부정적으로 작용하면 징크스가 생겨 우리로 하여금 불안한 마음을 갖게 한다. 또 이는 다른 사람을 판단할 때 고정관념이나 편견으로 이어질 수 있어 주의가 필요하다.

그런데 착각적 상관을 역으로 이용하면 불안을 다스리는 데 도움이 된다. 가령 자꾸만 불행이 겹친다는 느낌이 들 때 '나는 정말 운 없게 태어났나 봐'라며 신세 한탄을 하는 대신 '그건 나의 착각적 상관일 뿐이야'라고 생각하는 거다. 즉 서로 관련 없는 일들을 엮어서 내가 의미 부여를 하는 것뿐이라고 다독이는 것이다.

주식 거래를 하는 사람들 중에는 자신이 주식을 산 순간부터 주가가 내려간다고 생각하는 사람들이 많다. 사실 내가 주식을 사는 것과 그다음 날 바로 주가가 내려가는 것은 아무런 상관이 없다. 하지만 주식으로 손해를 본 경험이 쌓이게 되면 '내가 주식을 사서 떨어지나 봐. 내가 파니까 바로 다시 오르네' 하면서 착각적 상관을 하게 된다. 하지만 착각적 상관에 대한 지식을 갖게 되면 조금 더 여유를 가지고 상황에 대처할 수 있을 것이다.

한 걸음 더

우리의 대인관계는 인과관계가 아니라 상관관계다

그런데 왜 '착각적 인과'가 아니고 '착각적 상관'일까? 그 이유는 상관관계와 인과관계가 의미하는 바가 다르기 때문이다. 심리학에서 이 둘의 차이를 아는 것은 중요하다.

상관관계란 두 대상이 서로 관련 있는 것을 말한다. 즉 두 변수가 있을 때 한 변수에 변화가 생기면 다른 변수도 같이 오르거나 반대로 내려가는 변화가 생긴다는 것이다. 이러한 상관관계는 상관계수로 나타낼 수 있다. 상관계수란 두 변인이 서로 관계된 정도를 나타낸 지수를 말하는데, -1.0에서 +1.0 사이의 값을 가진다. 이때 절댓값이 클수록 두 변인의 상관관계가 높다. 예를 들어 자존감과 성적 간의 관계를 들 수 있다. 성적이 올라서 자존감도 올라가는 것인지 아니면 평소 자존감이 높은 아이가 성적도 높은 것인지는 정확히 알 수 없다. 다만 연구 결과 이 상관관계의 상관계수가 -1.0에서 +1.0 사이에 있으므로 '자존감과 성적은 어느 정도 서로 관계가 있다'로 본다.

인과관계는 원인과 결과를 말한다. 하지만 일상생활에서 인과

관계의 예를 찾는 것은 거의 불가능하다. 에드워드 리머는 이를 두고 "상관관계는 데이터 속에 있다. 하지만 인과관계는 우리의 머릿속에만 존재한다"라고 말했다.

대인관계도 마찬가지다. 우리는 종종 상대방에게 "너 때문이야", "네가 그러니까 내가 이러는 거야"라고 마치 무슨 인과관계가 성립하는 것처럼 말하지만, 사실은 그렇지 않다. 이는 모두 상관관계에 속한다. "네가 잔소리를 하니까(원인) 집에 늦게 들어가는 거야(결과)"는 반대로 "집에 늦게 들어오니까(원인) 내가 잔소리를 하는 거지(결과)"라고도 말할 수 있는 것이다.

그러므로 대인관계에서 갈등이 생기면 오롯이 한 사람의 문제로만 몰아가서는 안 된다. 우리 모두 서로에게 영향을 주는 상관관계이기 때문이다.

07

큰 부탁을 하고 싶을 때는 작은 부탁부터

〈해님 달님〉의 문간에 발 들여놓기 기법

옛날 어느 산골 외딴집에 어머니와 어린 오누이, 젖먹이 아기가 살고 있었습니다.

하루는 어머니가 잔칫집에 일을 도와주러 가게 되었어요. 어머니는 종일 일하고 바구니에 떡을 한가득 얻었지요. 어머니는 떡 바구니를 이고 집으로 돌아오는 길이었어요. 그런데 어머니가 첫 번째 고개를 넘을 때 난데없이 호랑이가 "어흥" 하고 길을 막았답니다.

"어멈, 떡 하나 주소. 그렇지 않으면 잡아먹을 거야!"

어머니는 얼른 떡 하나를 호랑이에게 던져 주었습니다. 하지만 두 번째 고개를 넘을 때 호랑이가 또 나타났어요.

"어멈, 남은 떡 주소. 그렇지 않으면 잡아먹을 거야!"

이런 식으로 떡을 모조리 다 뺏어 먹은 호랑이는 어머니에게 이렇게 말했습니다.

"어멈, 왼팔 하나만 주소."

"그럼 빨래는 어떻게 하고 벼는 어떻게 베니?"

"주지 않으면 잡아먹을 거야!"

어머니는 할 수 없이 왼팔을 내주었어요. 다음에는 오른팔까지 호랑이에게 내주었죠. 어머니는 힘겹게 고개 하나를 더 넘었어요. 그런데 아까 그 호랑이가 다른 호랑이인 척 시치미를 떼고 앉아 있었어요.

"어멈, 다리 하나 주소."

"다리를 주면 집까지 어떻게 가니?"

"외다리로 깡똥깡똥 뛰어가면 되지. 주지 않으면 잡아먹을 거야!"

어머니는 다리 하나를 내주고 깡똥깡똥 힘들게 뛰었답니다. 그러자 호랑이가 시뻘건 입술을 핥으며 말했어요.

"어멈, 깡똥거리는 그 다리 하나마저 주소."

"외다리마저 널 주면 이 고개 너머 있는 우리 애들한테 어떻게 가니?"

"동실동실 굴러가면 되지."

결국 하나 남은 다리도 호랑이에게 준 어머니는 몸뚱이라도 굴려서 아이들에게 가려고 했어요. 하지만 호랑이가 그 몸뚱이마저 먹어버리고 말았지요. 호랑이는 어머니가 입었던 옷을 입고 아이들이 있는 곳을 향해 갔답니다.

교활하고 악랄한 호랑이는 어머니로부터 모든 것을 빼앗아갔다. 그런데 호랑이는 어머니를 절대 통째로 잡아먹으려고 하지 않았다. 대신 상대적으로 덜 중요한 것부터 차례대로 하나씩 손에 넣었다. 호랑이는 어머니가 고개 하나를 넘으면 어머니의 팔 하나를 요구했고, 다음 고개에서는 다리 하나를 달라고 했다. 즉 호랑이의 요청은 순차적인 단계를 밟고 있다.

그런데 어머니는 호랑이의 모든 요구 사항을 다 들어주었다. 상식적으로 자신의 왼팔과 오른팔을 달라는 상대방의 요구를 들어주기란 어려운 일이다. 그래서 어머니를 어리석다고 생각할 수도 있지만, 사실 우리도 이와 비슷한 일을 당하곤 한다. 호랑이가 사용한 설득의 기법 때문에 말이다. 그 기법이란 바로 '문간에 발 들여놓기 기법'이다.

문간에 발 들여놓기 기법은 상대방의 허락을 얻을 수 있는 일종의 설득 기술이다. 방법은 간단하다. 먼저 상대가 거절하지 않을

법한 작은 요구를 한다. 만약 상대가 이 요구를 들어주면, 다음에는 더 큰 부탁을 해서 이번에도 상대방이 허락하게 만든다.

이 설득 기법을 연구한 학자는 미국 스탠퍼드대학의 심리학자 프리드먼과 프레이저다. 그들의 실험에서 연구자들은 자원봉사자로 변장했다. 이후 캘리포니아의 가정집에 일일이 방문하여 다소 황당한 요청을 했다. 집주인들에게 그들의 정원 앞뜰에 '안전 운전'이라는 간판을 설치하게 해달라고 부탁한 것이다. 그런데 이 간판은 엄청나게 컸고 모양새도 볼품없었다. 한마디로 아름다운 정원과는 전혀 어울리지 않는 흉측한 간판이었다. 당연히 대부분의 집주인들은 거절했고 오직 17%의 집주인들만이 요청을 들어주었다. 그런데 이때 약간의 다른 방법을 쓰자 무려 76%의 집주인들이 요청을 들어주었다. 어떻게 된 일일까?

바로 앞서 말한 '문간에 발 들여놓기 기법' 때문이었다. 자원봉사자로 변장한 연구자들은 정원에 '안전 운전' 간판을 설치해달라고 요청하기 약 2주 전에 미리 그 집을 방문했다. 그리고 '안전 운전'이라고 적힌 작은 스티커를 집 앞 입구에 붙여달라고 부탁했다. 이어서 이 스티커를 차에도 붙여달라고 요청했다. 이는 집주인들에게 상대적으로 작은 부탁이어서 거의 모든 사람들이 부탁을 들어주었다. 그러자 엄청난 일이 벌어졌다. 이렇게 사소한 부탁을 들어주었던 집주인들이 나중에 그 흉측한 간판을 정원에 설치하는 것도 승낙했던 것이다.

다시 동화로 돌아가 보자. 동화 〈해님 달님〉에서 어머니도 문간에 발 들여놓기 기법에 걸렸다고 볼 수 있다. 만약 호랑이가 첫 고개부터 다짜고짜 어머니의 몸뚱이를 달라고 했다면, 어머니는 살기 위해서 어떤 식으로든지 호랑이에게 저항했을 것이다. 하지만 호랑이는 간교하게도 어머니에게 떡 하나부터 요구했다. 아마 어머니는 '떡 하나쯤이야' 하는 생각으로 호랑이의 부탁을 들어주었을 것이다. 이를 기점으로 호랑이는 어머니에게 점점 무리한 요구를 했고, 어머니는 뭔가 꺼림칙하면서도 그 부탁을 들어주게 되었다.

어떤 사람은 호랑이가 '유혹'을 상징한다고 말한다. 작은 것부터 하나씩 제안하면서 서서히 상대방을 잠식해나가는 모습이 유혹적이라는 것이다.

우리는 살아가면서 여러 가지 유혹을 받는다. 때로는 그 유혹이 옳지 않다는 것을 알면서도 넘어간다. 그리고 변명한다. "어쩔 수 없었어."

동화에서 어머니는 이렇게 생각했을 수도 있다. '호랑이에게 팔을 내주지 않으면 내 몸 전체가 먹힐 거야. 그러면 아이들에게 갈 수조차 없겠지.' 하지만 이런 식의 타협은 결국 유혹에 홀딱 넘어가 버린 것과 다르지 않다. '왼팔 하나쯤은 괜찮겠지. 아예 잡아먹히는 것보단 낫잖아'라는 생각은 합리화에 불과하다.

어머니 입장에서 '어떻게든 살아서 아이들을 보고 싶은 마음이 강했다' 하더라도 호랑이의 요구를 계속 들어준 것은 결과적으로 치명적인 실수였다. 동화에서 어머니는 호랑이에게 사지를 내어주고 몸뚱이라도 굴려서 집에 가려고 했다. 이는 자식에 대한 끔찍한 사랑이라고도 해석할 수 있지만, 결과적으로 호랑이에게 아이들이 있는 집의 위치를 알려준 꼴이 되었다. 유혹에 빠진 것도 잘못이지만, 다른 사람까지 그 유혹에 끌어들이는 것은 더 큰 잘못이다. 아이들을 지키고 싶었다면 어머니는 집으로 가지 말아야 했다.

그럼 문간에 발 들여놓기 기법을 이용하려면 상대방에게 늘 작은 것부터 부탁해야 하는 걸까? 그렇지는 않다. 심리학에는 문간에 발 들여놓기 기법과 반대 기법인 '면전에서 문 닫기' 기법이 있다. 면전에서 문 닫기 기법은 '상대방이 나의 요구를 거절할 때 부탁한 사람 앞에서 문을 쾅 닫는다'는 의미를 담고 있다. 그러면 문을 닫은 사람은 미안한 마음이 들어서 뒤이은 작은 부탁을 상대적으로 잘 들어주게 된다는 것이다.

이 기법을 연구한 사람은 미국 애리조나대학의 심리마케팅학과 교수인 치알디니와 그의 동료들이다. 그들은 대학생들에게 두 시간 동안 소년범들과 동물원을 구경해달라고 부탁했다. 다른

심리학이 이토록 재미있을 줄이야

조건 없이 이런 부탁을 했을 때 대학생들이 수락한 확률은 겨우 16% 정도였다. 그래서 실험자들은 '면전에서 문 닫기 기법'을 활용해 부탁하기로 했다. 예를 들면 이런 식이었다.

"저희는 소년원에서 자원봉사로 일해 줄 대학생을 찾고 있습니다. 자원봉사를 하게 된다면 매주 두 시간씩, 적어도 2년은 하셔야 합니다. 어때요, 관심 있나요?"

이런 무리한 부탁을 들어줄 만한 사람은 거의 없을 것이다. 실제로 이 요청을 받은 대학생들은 모두 거절했다. 그러자 연구자들은 곧바로 다음처럼 부탁했다.

"2시간 동안 소년범들과 함께 동물원 구경을 가 줄 대학생들이 필요합니다. 어때요, 관심 있나요?"

놀랍게도 부탁받은 대학생 중 50%가 이 부탁을 수락했다. 처음에 아무 조건 없이 부탁할 때는 겨우 16%만이 허락했는데 말이다. 이는 '면전에서 문 닫기' 기법으로 상대로부터 허락을 얻어낸 경우라고 할 수 있다.

동화 〈해님 달님〉에서도 만일 호랑이가 어머니를 처음부터 통째로 잡아먹으려고 했다면 분명 어머니는 완강히 저항했을 것이다. 그런데 호랑이가 할 수 없다는 듯이 "그러면 왼팔이라도 주소"라고 했기 때문에 어머니는 순순히 자신의 왼팔을 내어 준 것일 수 있다.

사실 이런 설득 기법은 좀 단순해 보인다. 그런데 신기한 점은 대부분 알면서도 당한다는 것이다. 어떤 사람이 월 2만 원씩 자선 단체에 기부하라고 하면 선뜻 동의할 사람은 흔치 않다. 대부분 "의도는 좋지만…" 하며 난감해할 것이다. 그런데 설문조사에 스티커를 붙이는 것부터 시작하면 사람들이 정기 후원 동의서에 서명할 가능성은 커진다.

누군가를 설득해야 하는 상황이라면 '문간에 발 들여 놓기' 기법이나 '면전에서 문 닫기 기법'을 사용해보자. 원하는 바를 효과적으로 얻을 수 있을 것이다.

한 걸음 더

위기에서 나를 구하고 싶다면 '희소성의 법칙'을 기억하라

동화 〈해님 달님〉에서 혹시 어머니가 호랑이에게 잡아먹히지 않도록 호랑이를 설득할 수는 없었을까? 어머니가 "아이고, 저는 이대로 못 죽습니다. 집에는 저를 기다리고 있는 어린아이들이 있어요"라며 감정에 호소했다면 어떻게 되었을까? 아마도 호랑이는 이런 반응을 보이지 않았을까?

"뭐 어쩌라고."

"너만 자식 있어? 나도 배고파서 우는 새끼들이 있어."

이 경우에는 차라리 "저는 불량 식품입니다. 전염병도 가지고 있어서 저를 먹으면 어떤 병에 옮게 될지 장담할 수가 없습니다"라고 말해서 호랑이의 식욕을 떨어뜨리는 것이 낫다. 즉 호랑이를 설득하려면 첫째로 호랑이의 배고픈 '욕구'를 파악하는 것이 먼저다. 그래야 이를 활용해서 호랑이를 설득할 수 있기 때문이다.

한편 '희소성의 법칙'이라는 것이 있다. 이는 수와 양의 희귀성을 강조하는 전략이다. 이 법칙을 가장 직접적으로 사용하는 곳은 바로 홈쇼핑이다. 특히 쇼호스트가 "이제 얼마 남지 않았습니다!"라고 말할 때 그 효과가 나타난다.

희소성 법칙의 또 다른 사례로 법정 스님의 《무소유》 책을 들 수 있다. 법정 스님은 돌아가시면서 "내가 죽으면 내 모든 책을 출간하지 말아달라"고 유언을 남기셨다. 그런데 이 내용이 알려지면서 사람들은 너도나도 《무소유》 책을 사들이기 시작했다. 심지어 110만 5000원에 낙찰되기도 했다.

희소성의 법칙을 동화 〈해님 달님〉에 적용해보자. 만약 호랑이가 먹은 떡이 엄청 맛있었다면 어머니는 이렇게 말할 수 있었을 것이다.

"그 떡은 흔한 떡이 아니야. 오직 나만 만들 수 있는 떡이지. 그러니 내가 죽으면 앞으로 이 떡 맛을 영영 못 보게 될 테야. 황금 알을 낳는 거위의 배를 굳이 가르지 말고 계속 기르는 게 현명하지 않겠니? 날 살려 보내면 그 맛있는 떡 내가 계속 만들어 주마."

살면서 동화처럼 누군가 내 사지를 가져가려는 일은 거의 없을 것이다. 하지만 인간관계를 맺다 보면 위기를 경험하게 될 때가 있다. 그럴 때 희소성의 법칙을 이용하면 위기에서 벗어나 현명하게 대처할 수 있을 것이다.

08

사람이 아닌
상황을 봐야 하는 이유

〈부자와 당나귀〉의 기본적 귀인 오류

어느 날 아버지와 아들은 당나귀를 시장에 내다 팔기 위해 시골길을 따라 당나귀를 데려가고 있었습니다. 가는 도중에 그들은 우물에서 물을 긷고 있는 아가씨들을 만났습니다.

"저것 좀 봐!"

아가씨들 중 한 명이 말했습니다.

"당나귀는 편히 걷도록 두고 먼지 속을 터벅터벅 걷는 저 어리석은 사람들을 좀 보란 말이야. 대체 왜 저러고 갈까?"

아버지는 그들의 말이 일리가 있다고 생각하여 아들을 당나귀에 태웠습니다. 그들은 몇 걸음 걷다가 몇 명의 노인들과 마주쳤습니다.

"저것 좀 보란 말이야."

그중 한 노인이 다른 노인들에게 말했습니다.

"저것만 봐도 내 말이 사실이라는 걸 알 테지. 요즘 젊은이들은 노인을 조금도 소중하게 여기지 않아. 아버지는 불쌍하게 옆에서 걷고 있는데 아들 녀석은 당나귀를 타고 가는 것 봐. 정말 예의 없는 녀석이야."

이 말을 들은 아버지는 '어르신 말씀이 옳아. 내가 아들 녀석을 망치고 있군' 이렇게 생각하며 아들을 내리게 한 다음 자신이 당나귀에 올라탔습니다.

얼마 후 그들은 어린아이를 품에 안은 부인네들을 만났습니다. 그중 한 여자가 말했습니다.

"저 가엾은 소년이 매우 지쳐 보이는데 아비란 사람은 왕처럼 타고 가는 것 좀 봐!"

그러자 아버지는 다시 아들을 안장에 태우고 자신도 그 뒤에 탄 채 마을을 향해 갔습니다. 시장에 도착하기 전에 그들은 주막을 지나게 되었습니다. 주막에는 사내들이 모여 있었지요. 사내들은 아버지와 아들을 보고 이렇게 말했어요.

"저 모습 보소. 저렇게 조그만 당나귀에 두 사람이나 타고 있다니. 당

심리학이 이토록 재미있을 줄이야

나귀는 힘이 들어 헉헉거리는데 인정머리라고는 눈곱만큼도 없는 사람들인가 보군."

"아마 당나귀를 팔러 장에 가는 모양인데, 저러다간 장에 가기도 전에 당나귀가 죽어버리겠어."

그러자 아버지는 또 생각을 바꾸었습니다.

'저 사내들 말이 옳아. 당나귀가 장에 닿기도 전에 힘에 부쳐 죽어버리면 큰일이야.'

하지만 이제는 달리 방법이 없었습니다. 그냥 끌고 가도 안 되고, 아들만 태워 가도 안 되고, 아버지만 타고 가도 안 되고, 둘이 함께 타고 가도 안 되니 말입니다.

그때 어떤 사람이 지나가다가 아버지의 고민을 듣고 껄껄 웃으면서 말했습니다.

"이보시오. 둘이서 당나귀를 짊어지고 가면 될 게 아니오? 별것도 아닌 걸 가지고 고민을 하고 있구먼."

아버지는 무릎을 '탁' 쳤습니다.

"그래, 그것 참 좋은 방법이다. 얘야, 이래도 안 되고 저래도 안 되니, 우리 아예 당나귀를 짊어지고 가자."

그리하여 아버지와 아들은 당나귀를 짊어지고 걸어갔습니다. 그런데 다리를 건널 때였습니다. 갑자기 당나귀가 버둥거렸습니다. 그 바람에 당나귀는 다리 밑으로 떨어져 강물에 빠져 죽고 말았답니다.

이 동화는 우리에게 '모든 사람의 기준을 만족시킬 수 없다'는 교훈으로 잘 알려져 있다. 하지만 심리학적으로 여기서 주목해야 할 부분은 바로 사람들의 '평가'다.

동화를 보면 아버지와 아들은 사내들을 만나기 전에 부인네들의 말을 들었고, 부인네들을 만나기 전에는 노인의 말을 들었고, 노인을 만나기 전에는 아가씨들의 말을 들었다. 하지만 이를 알 리 없는 동네 사람들은 아버지와 아들을 두고 각자의 시선에서 이러쿵저러쿵 평가를 했다.

어쩌면 아버지와 아들에게는 우리가 모르는 속사정이 있었을 지도 모른다. 예를 들면 아들이 다리를 다쳐서 당나귀를 탔어야 했을 수도 있고, 반대로 아버지가 허리를 다쳤을 수도 있다. 아니면 부자가 먼 길을 걸어서 지쳐 있었을 수도 있다. 하지만 사람들은 그들의 속사정에 전혀 관심이 없다. 그저 그 순간에 보이는 모습만 가지고 그들을 평가하는 데 여념이 없다. 그래서 누구에게는 아들이 예의가 없어 보였고, 다른 누구에게는 아버지가 왕 노릇을 하는 것처럼 보였으며, 또 다른 누구에게는 아버지와 아들이 당나귀를 괴롭히는 것처럼 보였던 것이다.

즉 마을 사람들은 부자가 한 행동의 원인을 찾을 때, 그들이 처한 앞뒤 상황을 파악하기보다 인성적인 요인에 더 비중을 두어 그들을 판단했다.

이는 동화에서만 일어나는 일이 아니다. 우리는 일상에서 어떤 일이 발생하면 그 일이 발생하게 된 전체적인 상황을 보기보다 그 사람의 인성(성격)을 탓하는 경향이 있다. 이를 사회심리학에서는 '기본적 귀인 오류'라고 한다. 기본적 귀인 오류란 타인의 행동을 설명할 때 외부 요인은 과소평가하고 내부 요인은 과대평가하는 것을 말한다. 이 오류는 일상생활에서 빈번하게 일어나기 때문에 이름에 '기본적'이라는 말이 붙었다.

이해를 돕기 위해 아침 회의에 지각한 사람이 있다고 해보자. 기본적 귀인 오류에 의하면 보통 제일 먼저 드는 생각이 '게으르다', '책임감이 없다'라는 것이다. 오는 길에 길 잃은 아이를 도와줬다든가 아니면 갑작스럽게 피치 못할 일이 생겼을 거라고는 생각하기 힘들다.

스탠퍼드대학의 리 로스와 그의 동료들은 이러한 기본적 귀인 오류를 잘 보여 주는 실험 하나를 했다. 먼저 연구자들은 실험 참가자들 중에서 임의로 두 명을 뽑았다. 그리고 퀴즈쇼를 열어 '질문을 하는 사람'과 '질문에 답하는 사람'으로 나누었다. 한편 뽑히지 않은 나머지 실험 참가자들은 방청객이 되어 퀴즈쇼를 지켜보게 했다. 나중에 연구자들은 이 방청객들에게 '질문자'와 '답변자'의 똑똑한 정도를 평가하게 했다.

퀴즈쇼가 시작되자 질문자는 답변자에게 다음과 같은 질문을 던졌다.

"리투아니아의 수도는 어디인가?"

"미국의 대통령이었던 링컨이 죽은 날은 언제인가?"

위와 같은 질문에 대답할 수 있는 사람은 많지 않다. 하지만 퀴즈에 참가한 질문자는 단순히 이런 질문들을 했다는 이유만으로 똑똑해 보인다. 반면 답변자는 어려운 질문에 쩔쩔매거나 당황할 수밖에 없는데, 이 모습은 방청객들로 하여금 이 답변자가 멍청하다고 생각하게 만든다.

실제 실험 결과 방청객들은 "질문자가 퀴즈 답변자보다 더 많은 지식을 갖고 있다"고 평가했다. 하지만 실제로 그러한 질문에 제대로 답할 수 있는 사람은 매우 드물다. 그럼에도 여러분 또한 이 실험의 방청객으로 참여했다면, 질문하는 사람은 똑똑해 보였고 답변자는 멍청해 보였다고 답했을 가능성이 크다.

질문자도 답변자도 방청객들처럼 이 실험의 참가자일 뿐이었고, 두 사람은 그 역할에 무작위로 선정된 것뿐이었다. 놀라운 사실은 '질문자와 참가자의 역할이 무작위로 배정되었다'는 사실을 방청객들이 알고도 그러한 평가를 했다는 것이다. 즉 방청객들은 '기본적 귀인 오류'에 빠져서 질문하는 능력이나 답변하는 능력을 그 사람 개인의 능력으로 파악한 것이다.

기본적 귀인 오류와 더불어서 너무 쉽게 자주 일어나는 오류가

심리학이 이토록 재미있을 줄이야

또 있다. 바로 '행위자-관찰자 편향'이다. 행위자-관찰자 편향이란 우리가 흔히 말하는 "내가 하면 로맨스, 남이 하면 불륜"을 뜻한다. 즉 어떤 행동을 설명할 때, 행위자이면 "상황의 영향이 컸다"라고 말하지만, 관찰자가 되면 '행위자의 성격 탓'으로 본다는 것이다. 구체적인 행위자-관찰자 편향의 예는 다음과 같다.

1. 지능검사에서 다른 사람이 낮은 점수를 받으면 '그 사람은 정말 지능이 낮아'라고 생각한다. 반면에 내가 낮은 점수를 받으면 "그날 컨디션이 안 좋았어"라고 남들에게 설명한다.

2. 내가 과속 운전을 하면 "그럴 만한 급한 일이 있어서"라고 말하지만, 다른 사람이 과속 운전을 하면 '그 운전자 참 성격 급하네'라고 여긴다.

이러한 편향은 타인에 대한 정보가 부족해서 나타난다. '타인이 어떤 상황에 처해 있는지'에 대한 정보를 얻기 어려우므로 성격 탓으로 돌리는 것이다.

행위자-관찰자 편향과 기본적 귀인 오류가 위험한 이유는 한 개인에게 불필요한 책임을 지우는 것에 있다. 그 사람이 왜 그렇게 행동했는지를 그 사람이 처한 상황보다 그 사람의 성격에 끼워 맞춰보기 때문이다. 예를 들어 늦깎이 취업 준비생을 보고

"남들 공부할 때 놀았으니 지금 이러지"라고 말하는 것을 들 수 있다. 하지만 그 늦깎이 취업 준비생은 가정 형편이 어려워서 여러 번 휴학하고 아르바이트를 해야 했던 개인적 사정이 있을 수 있다.

설령 그 사람이 정말로 그런 성격의 사람이라고 해도, 그의 성격뿐 아니라 그 사람이 처한 상황까지 이해하려는 노력이 필요하다.

다시 동화로 돌아가 보자. 마을 사람들은 아버지와 아들을 보면서 한마디 하기 전에 이렇게 생각했어야 한다.

'저렇게 가는 데에는 그만한 이유가 있겠지.'

아니면 "도대체 왜 그러고 가시는 건가요?"라고 직접 부자에게 물어보는 것도 방법이다. 그러면 마을 사람들은 기본적 귀인 오류나 행위자–관찰자 편향에 빠지지 않았을 것이다.

한 걸음 더

한쪽으로 치우치지 않으려면 원인을 찾아야 한다

어떤 일이 발생했을 때 사람들은 원인을 찾으려고 한다. 이러쿵저러쿵 대화 끝에 꼭 추임새로 "아니, 그래서 도대체 왜 그랬대?"라고 말하는 것은 그런 이유다. 이렇게 원인을 찾는 과정을 심리학에서는 '귀인 이론'이라고 한다. 귀인 이론은 크게 '외부 귀인'과 '내부 귀인'으로 나눌 수 있다.

외부 귀인이란 '날씨', '상황', '과제 난이도', '행운', '운명'같이 문제의 원인을 외부에서 찾는 것을 말한다. 반면 내부 귀인은 '성격', '지능', '감정', '능력', '노력'처럼 문제의 원인을 인간의 내적인 기질에서 찾는 것을 말한다.

하지만 귀인 과정이 언제나 논리적이고 과학적이지만은 않다. 오히려 원인을 찾는 사람의 심리적 편안함을 위해 특정 원인을 더 부각하는 경우가 많다. 예를 들어 시험을 망쳤을 때 나의 지능이나 능력으로 귀인을 하면 자존감에 엄청난 타격을 입게 된다. 그래서 '이번 시험에서는 내가 노력을 안 한 거야'라든가 '선생님이 시험 문제를 이상하게 냈어'라는 식으로 생각하는 것이다.

귀인 오류와 관련된 심리 법칙으로 앞에서 살펴본 기본적 귀인 오류와 행위자-관찰자 편향 말고도 '이기적 편향'이라는 것이 있다. 이기적 편향이란 쉽게 말해 '잘되면 내 덕, 안되면 네 탓'이라는 것이다. 즉 자신에게 가장 유리한 방향으로 사고하는 방식이다. 이기적 편향은 특히 대인관계에서 영향을 미친다. 가령 팀별 과제에서 좋은 성적을 받지 못했을 때 다음처럼 대화가 이어질 수 있다.

"다 네 탓이야. 네가 아르바이트 핑계로 자료 조사를 제대로 안 했잖아"

"뭐라고? 자료 조사에는 문제없었어. 발표를 제대로 못 한 네 잘못이지. 누가 말을 그렇게 웅얼웅얼하래?"

대인관계를 조금이라도 현명하게 이끌어 가려면 이 세 가지 편향들에 대해서 잘 알고 있어야 한다. '편향'은 말 그대로 한쪽 끝에 치우쳐서 상대나 대상을 바라보는 것이다. 의식적으로 다양한 원인에 대해 생각해 보는 습관을 길러서 함부로 판단하지 않도록 노력하자.

09

하지 말라고 하면
더 하고 싶어진다

〈빨간 구두〉의 심리적 반발심

옛날에 아주 예쁘고 귀여운 여자아이가 있었습니다. 그 여자아이의 이름은 카렌이었지요. 카렌의 집은 너무 가난해서 아이는 늘 낡은 구두를 신고 다녔답니다. 그러던 어느 날 카렌의 어머니가 돌아가셨습니다. 카렌은 매우 슬퍼하며 어머니를 실은 관을 따라갔습니다.

그때 고풍스러운 큰 마차가 카렌의 옆으로 지나갔습니다. 마차 안에는 온화한 노부인이 타고 있었지요. 노부인은 관을 따라가는 작은 소녀가 마음에 쏙 들었습니다.

"저 아이를 내게 맡기세요. 내가 잘 보살피겠습니다."

어느 날 노부인은 카렌에게 새 구두를 사라며 돈을 주었습니다.

카렌은 마을에서 가장 큰 구둣방으로 가서 발 크기를 쟀습니다. 구둣방의 진열장에는 아주 예쁜 신발들이 가득 차 있었지요. 카렌의 눈에는 정말 멋진 광경이었습니다. 그중 카렌의 마음을 사로잡은 건 모로코 가죽으로 만든 빨간 구두였습니다. 그때 노부인이 카렌에게 돈을 주며 했던 말이 떠올랐습니다.

"검은색 구두를 사렴."

카렌은 고개를 저으며 말했습니다.

"저는 빨간 구두가 마음에 드는걸요."

"세례식 때 신을 구두니까 꼭 검은색을 사렴."

카렌은 망설이다가 결국 빨간 구두를 사고 말았습니다.

집으로 돌아온 카렌은 노부인에게 검정 구두를 샀다고 거짓말을 했습니다. 노부인은 눈이 나빠 카렌의 말을 믿을 수밖에 없었습니다.

드디어 세례식 날 카렌은 예쁜 빨간 구두를 신고 교회에 갔습니다. 그런데 교회에 있는 사람들이 모두 카렌의 발만 유심히 쳐다보았습니다. 목사님은 카렌의 머리에 손을 얹고 카렌에게 "하느님과 서약을 맺고 앞으로 한 사람의 크리스천이 되겠느냐"고 물었습니다. 하지만 카렌은 빨간 구두만 생각하고 있었습니다.

심리학이 이토록 재미있을 줄이야

세례가 끝나자 사람들은 노부인에게 카렌이 빨간 구두를 신고 있었다고 말했습니다. 그 말을 들은 노부인은 카렌에게 버럭 화를 내며 앞으로 예의에 어긋난 일은 하지 말라고 꾸짖었습니다. 그리고 교회에 갈 때는 낡았더라도 반드시 검은 신발을 신고 가라고 일렀습니다.

다음 일요일에는 성찬식이 있었습니다. 카렌은 검은 신발과 빨간 구두를 번갈아 보며 한참을 망설이다가 빨간 구두를 신고 성찬식에 갔습니다.

카렌은 구둣방에 가서 빨간 구두를 보자마자 현혹되고 만다. 이 상황에서 노부인이 거듭 "검은색을 사렴" 하고 주의를 준 말이 과연 카렌의 귀에 들어왔을까? 이뿐만이 아니다. 기어이 빨간 구두를 산 카렌은 "교회에 갈 때는 검정 구두를 신고 가야 한다"는 노부인의 말을 또 어기고 만다. 그래서 동화 〈빨간 구두〉의 마지막을 보면, 카렌은 두 발목이 잘려나갈 때까지 빨간 구두를 신고 춤을 추는 형벌을 받게 된다.

어린아이가 교회에 갈 때 빨간 구두를 신은 것이 무슨 대수라고 카렌의 두 발목은 잘려야만 했을까? 물론 카렌도 일이 이렇게 될 줄 몰랐을 것이다. 그래서 한편으로는 '카렌이 오갈 데 없는 자신을 거둔 노부인의 말을 좀 더 사려 깊게 들었더라면' 하는 아쉬움이 든다. 만약 카렌이 교회에 갈 때만큼은 예의를 지켜서 검정 구두를 신었다면, 잔혹한 형벌은 피할 수 있었을 것이다.

그런데 이는 카렌의 문제만이 아니다. 우리도 하지 말라고 하면 더 하고 싶어지는 특성이 있기 때문이다. 예를 들면 '낙서 금지'라고 적혀 있는 곳에 낙서가 더 많이 되어 있다. 또 문을 '당기시오'라고 써 놨는데, 사람들은 문을 민다. '절대 보면 안 된다'고 하면 오히려 더 보고 싶고, '품절'이라고 하면 왠지 더 사고 싶어진다.

이런 청개구리 심보를 심리학자 브렘은 '심리적 반발심'이라고 불렀다. 심리적 반발심이란 자신의 자유가 제한되어 있다고 느끼거나, 설득의 목적이나 방법이 이해되지 않을 때 생겨나는 심리를 말한다. 그래서 상대방이 하라는 것과 일부러 다른 것을 선택해 자신의 자유를 보장받으려고 하는 것이다. 사춘기에 있는 청소년이나 기성의 사회 체제를 거부하는 아웃사이더를 통해 우리는 이러한 심리적 반발심을 쉽게 접할 수 있다.

심리적 반발심과 관련한 실험이 하나 있다. 어느 지하철역 화장실에 '낙서하면 안 된다'는 안내판을 걸어 보기로 했다. 이때 안내판의 문구는 2가지였다. '낙서 엄금!'이라고 적힌 강한 명령조와 '낙서하지 말아 주세요'라고 적힌 부드러운 부탁조였다. 그리고 각 문구에 권위가 느껴지는 지하철 역장의 서명과 권위가 느껴지지 않는 청소원의 서명을 따로 넣어 총 4개의 안내판을 만들었다.

심리학이 이토록 재미있을 줄이야

과연 사람들은 어느 안내판을 걸었을 때 낙서를 더 많이 했을까?

실험 결과, 사람들은 지하철 역장의 서명이 들어간 명령조의 '낙서 엄금!' 안내판을 보았을 때 낙서를 더 많이 했다. 반대로 청소원의 서명이 들어간 부탁조의 '낙서하지 말아 주세요' 안내판을 걸었을 때는 낙서가 적었다. 즉 금지의 내용이 강하면 강할수록, 그리고 금지하는 대상이 권위가 있을수록, 심리적 반발이 더 강하게 일어난 것이다.

심리적 반발심은 누가 나에게 하지 말라고 할 때뿐만 아니라 내가 무언가를 할 수 없다고 느껴질 때도 나타난다. 예를 들면 시험을 앞두고 있거나 과제 마감일이 코앞으로 다가온 경우를 들 수 있다. 시험 기간에는 공부를 해야 하고, 과제 마감일이 코앞이면 과제를 해야 하는데도 게임을 하거나 평소엔 읽지도 않는 책을 읽는 행동을 한다. 이는 다른 일을 할 수 있는 자유를 빼앗겼다는 심리적 반발심 때문이다. 다시 말해 잃어버린 선택의 자유를 회복하려는 행동을 하는 것이다.

최근에는 코로나19 사태로 인해 마스크를 쓰는 것이 의무화되었다. 사람들은 다소 불편함을 호소하기는 하지만, 대체로 이 조치를 잘 지킨다. 이에 대한 사람들의 심리적 반발심이 적은 이유는 이 행동 제약이 합리적이고 타당하다고 생각하기 때문이다. 만약 이 조치가 제대로 납득되지 않았다면 미국에서 마스크 반대

시위 참가자들이 한 행동처럼 '마스크는 개인의 자유 침해'라며 마스크 화형식을 거행할지도 모를 일이다.

다시 〈빨간 구두〉 동화로 돌아가 보자. 카렌이 계속 빨간색 구두를 신은 이유는 노부인의 말을 제대로 납득하지 못했기 때문이다. '왜 교회에 갈 때는 빨간 구두를 신으면 안 되는 건지', '왜 교회에서는 낡았더라도 검정 구두를 신는 게 예의인 건지', '예의는 왜 지켜야 하는지' 등을 카렌이 충분히 이해하지 못한 것이다. 만약 카렌이 노부인과 함께 이러한 의문에 대해 이야기를 나누는 시간을 가졌다면, 카렌의 비극은 막을 수 있었을지 모른다.

심리적 반발심은 어린아이를 키우는 가정에서 특히 중요하다. 한 아이가 자신이 좋아하는 옷을 더러워서 냄새가 나고 계절에 맞지 않을 때까지 매일 입으려 한다고 하자. 이때 아이의 엄마가 다짜고짜 "안 돼. 다른 옷 입어. 넌 왜 이렇게 말을 안 듣니?" 하면 되레 아이의 심리적 반발심만 불러일으킨다. 그럴 때는 '왜 옷을 빨아 입어야 하는지', '오늘은 왜 다른 옷을 입고 나가야 하는지' 아이가 충분히 납득할 수 있도록 설명을 해 줘야 한다. '어린 애가 설명한다고 뭘 알겠어?', '그걸 언제 다 일일이 설명해?' 하는 태도로 아무런 설명을 하지 않고 금지만 한다면 아이의 심리적 반발심만 더 키우는 꼴이 될 것이다.

심리적 반발심은 어린아이뿐만 아니라 어른들도 가지고 있는

심리학이 이토록 재미있을 줄이야

보편적인 심리다. 그래서 광고주들은 이를 마케팅에 자주 활용한다. 한 예로 서점에 가면 비닐에 포장된 책을 쉽게 볼 수 있다. 19금 도서의 경우 미성년자가 보지 못하도록 비닐 포장을 하는 경우도 있지만, 심리적 반발심을 이용해 판매를 늘리려는 목적도 있다. 비닐 포장 때문에 책을 미리 볼 수 없으니, 읽고 싶은 반발심을 일으켜 책을 구매하게 만드는 것이다. 실제로 똑같은 책이라도 비닐 포장을 하고 안 하고에 따라 판매가 차이 난다고 한다.

사랑도 심리적 반발심으로 인해 더욱 활활 타오를 수 있다. 가장 대표적인 예가 바로 영국의 극작가 셰익스피어의 〈로미오와 줄리엣〉이다. 만약 로미오와 줄리엣이 사랑에 빠졌을 때 양쪽 집안에서 그렇게 반대하지 않았다면 어땠을까? 처음에는 둘이 뜨거운 사랑을 하겠지만, 나중에는 서로에 대해 무덤덤해지고 나이도 어리니 헤어졌을 수도 있다. "세상에 여자가(남자가) 너밖에 없는 줄 알아?" 하면서 말이다. 그래서 주변의 반대로 사랑이 깊어지는 현상을 일컬어 '로미오와 줄리엣 효과'라고도 한다.

한 걸음 더

심리적 반발심은 상대와 눈높이를 맞출 때 줄일 수 있다

심리적 반발심을 경험해보지 못한 사람은 없을 것이다. 그만큼 인간의 보편적인 감정이기 때문이다. 그래서 심리적 반발심을 별 것 아닌 것으로 생각할 수 있다. 하지만 심리적 반발심 효과를 우습게 알았다가 낭패를 볼 수도 있다. 그러므로 괜히 불필요하게 일을 그르치거나 인간관계를 망치지 않도록 심리적 반발 효과에 대해 숙지하고 잘 대처해야 한다.

인간관계에서 심리적 반발심은 보통 '잔소리'로부터 시작된다. 일반적으로 잔소리꾼은 사람들에게 환영받지 못한다. 잔소리꾼처럼 자신의 의견만 무조건 내세우면 상대방의 심리적 반발심만 키우게 된다. 예를 들어 부모가 자녀에게 "무조건 저녁 6시 전까진 집에 들어와"라고 통보하면, 자녀는 자신의 자유가 침해당했다고 생각할 수 있다. 그래서 "왜 꼭 6시야? 애초에 통금이 왜 필요한데?"라고 반발하며 그 말을 안 지킬 가능성이 크다. 따라서 자녀의 심리적 반발심을 줄이려면 가족회의를 통해 가족 규칙을 정하는 것이 좋다. 이때 자녀의 이야기를 충분히 들어줘야 효과가 있다. 예를 들면 부모가 자녀에게 "통금 시간으로 몇 시가 적당하다고 생각하니", "무슨 이유로 그렇게 생각하니" 등을 물으면서 통금 시간을 정하는 것이다. 그러면 자녀는 자신의 의견이 부모에게 충분히 잘 전달되었다고 느낄 것이다. 이로써 자녀의 심리적 반발심을 크게 줄일 수 있다.

상대방의 심리적 반발심을 줄이고 싶다면 무언가를 무작정 통보하거나 금지하는 것은 별 효과가 없다. 대신 상대방에게 부탁하거나 상대방의 눈높이에서 대화를 나눠야 심리적 반발심을 크게 줄일 수 있을 것이다.

최고의 선택보다는
최선의 선택이 낫다

〈인어공주〉의 만족자의 법칙

인어공주는 점점 말수가 줄어들었습니다. 왕자님을 향한 그리움이 날로 깊어졌기 때문이에요. 인어공주는 왕자님을 너무 사랑한 나머지 인간이 되고 싶었습니다. 그녀는 고민 끝에 마녀를 찾아갔습니다.

인어공주가 마녀의 집에 도착했을 때 마녀는 이미 인어공주가 왜 자신을 찾아왔는지 다 알고 있었어요.

"사람이 되고 싶다면 이 물약을 마시거라. 그러면 네 꼬리가 인간의 다

심리학이 이토록 재미있을 줄이야

리로 변할 거다. 육지 사람들이 인간이 된 네 모습을 보고 황홀해서 넋이 나갈 테지만. 넌 걸을 때마다 가시밭길을 걷는 듯한 고통을 참아야 한다. 그래도 괜찮겠니?"

"괜찮아요. 어떤 고통도 참겠어요."

"잘 생각해 봐라. 인간의 몸을 얻으면 다시는 인어가 될 수 없단다. 결코, 네 아버지와 언니들이 사는 용궁으로 내려올 수 없어. 게다가 왕자가 진정으로 널 사랑하지 않는다면 넌 물거품이 될 거다."

"그래도 괜찮아요."

인어공주는 백지장처럼 창백한 얼굴로 말했습니다.

"한 가지 조건이 있어. 넌 아름다운 목소리를 가지고 있으니까 그걸로 왕자를 홀릴 수 있다고 생각하겠지? 하지만 이 물약을 얻으려면 그 값으로 목소리를 내놔야 해. 대신 넌 우아한 걸음걸이와 그윽한 두 눈을 가질 수 있단다. 어때? 이래도 인간이 되겠니?"

"그렇게 하세요."

그러자 마녀는 인어공주의 혀를 싹둑 잘랐습니다. 가엾은 인어공주는 이제 아름다운 목소리로 노래를 부를 수도, 말을 할 수도 없게 되었지요.

인어공주는 가족들을 다시 볼 수 없다고 생각하니 가슴이 찢어질 것 같았지만, 결국 마녀가 준 물약을 마시고 인간이 되었습니다.

인어공주는 인간이 되고 싶어 한다. 그래서 자신의 목소리를 인간의 다리와 맞바꾼다. 그런데 인간이 되면 걸을 때마다 가시밭길을 걷는 듯한 고통을 겪어야 하고, 심지어 왕자의 사랑을 받지 못하면 인어공주는 물거품이 되어 영원히 사라질 수도 있다. 그런데도 인어공주는 기어이 인간이 되는 선택을 하고야 만다. 도대체 왜 그런 선택을 했을까? 그 선택을 한 인어공주는 과연 행복했을까?

인어공주가 태어난 곳 즉, 인어공주의 '소속 집단'은 바닷속 인어들의 세상이다. 하지만 인어공주가 속하고 싶은 집단은 바다 밖 인간들의 세상이다. 여기서 인간 세상이 인어공주의 선택 기준으로 작용한 것인데, 이를 인어공주의 '준거 집단'이라고 한다. 준거 집단이란 한 사람의 행동과 생각, 선택의 기준이 되는 집단을 말한다.

어떤 사람은 소속 집단과 준거 집단이 일치하지만, 다른 사람은 그렇지 않을 수 있다. 인어공주 이야기가 극적으로 전개될 수 있었던 것은 인어공주의 소속 집단과 준거 집단이 전혀 달랐기 때문이다. 바다 세계를 소속 집단으로 하면서 바다 밖 세계를 준거 집단으로 삼고 있으니, 문제가 생길 수밖에 없는 것이다.

한편 인간 왕자를 보고 사랑에 빠진 인어공주는 우여곡절 끝에 왕자를 만나지만 왕자는 다른 여성과 사랑에 빠진다. 왕자의 결

심리학이 이토록 재미있을 줄이야

혼식이 코앞으로 다가오자 인어공주의 언니들이 인어공주를 만나러 온다. 언니들은 인어공주에게 "목숨을 구해 준 은인도 몰라보고 다른 여자와 사랑에 빠진 왕자는 그만 포기해. 이 칼로 왕자를 찌르면 넌 다시 인어가 돼서 살 수 있어"라고 말하며 칼을 쥐여 준다.

인어공주의 언니들은 인어 사회에 소속되어 있고, 생각의 기준도 인어 사회에 있어, 소속 집단과 준거 집단이 일치한다. 이런 언니들한테 인간이 되기로 한 인어공주의 선택은 당연히 무모하게 느껴질 수밖에 없다. 그래서 인어공주를 인어 사회로 돌아오게 만드는 것이 최선의 해결책이라고 본 것이다. 또 언니들에게 왕자를 칼로 찌르는 일은 어려운 것이 아니다. 왕자는 인어가 아니기 때문이다.

하지만 인어공주는 언니들과 다르게 준거 집단과 소속 집단이 일치하지 않는다. 그래서 언니들의 권유는 인어공주에게 엄청난 혼란과 갈등만 준다.

그러면 인어공주는 인간 세상을 택한 자신의 선택에 후회가 없었을까?

1978년에 노벨 경제학상을 수상한 미국의 경제학자이자 심리학자인 허버트 사이먼은, 선택하는 방식에 따라 사람을 '극대화자'와 '만족자'로 구분했다.

극대화자란 어떤 상황에서든 '최고'의 선택만 하려고 노력하는 사람을 말한다. 극대화자는 선택하기 전에 선택 가능한 모든 영역을 확인하며 선택의 폭을 '극대화'한다. 예를 들어 극대화자는 옷을 살 때 열 곳의 가게가 있으면 열 군데 다 들러서 옷을 입어보는 것을 당연하게 여긴다. 왜 그럴까? 그 이유는 극대화자가 최고의 행복만을 노리기 때문이다.

반면 만족자란 '이 정도면 괜찮아. 내가 할 수 있는 최선의 선택이야'처럼 생각하는 사람을 말한다. 대체로 만족자는 일단 선택하면 다른 것을 더 알아볼 필요를 느끼지 않는다. 그 정도 선에서 만족하는 것이다. 즉 만족자는 최고보다 자신만의 확실한 기준과 조건에 들어맞는 정도만을 추구한다. 그래서 만족자는 선택할 때 극대화자보다 적은 시간과 비용이 든다.

다시 인어공주 이야기로 돌아가자. 인어공주는 인간의 다리를 얻어서 인간이 되고 싶다는 자신만의 확실한 기준과 조건을 가지고 있었다. 그래서 이 조건에 들어맞는 선택지가 생기자 다른 것들을 포기하고 그 길을 선택한 것이다. 보통 다시는 인어가 될 수 없고, 사랑하는 가족과 함께할 수 없으며, 목소리마저 잃어버려야 한다면 "좀 더 생각해 보고 올게요"라고 할 것이다. 하지만 인어공주는 그 자리에서 선뜻 "그렇게 하겠다"라고 말한다. 자신이 원하는 조건을 충족했으니 더 이상 시간과 에너지를 쓰지 않는 것이다. 이러한 점에서 인어공주는 만족자라고 볼 수 있다.

그럼 극대화자와 만족자가 선택하고 나서 느끼는 행복의 정도는 얼마나 차이가 날까?

미국 스와스모어대학의 슈워츠는 《선택의 심리학》이라는 책에서 이렇게 말했다.

"무언가를 선택하려면 여러 대안을 비교하기 위해 많은 인지적 노력과 시간이 필요하며, 그 대안 중에서 하나를 선택하게 되면, 나머지 선택하지 않은 것들은 기회비용이 된다."

즉 선택의 결과가 좋지 않거나 더 좋은 대안이 있었음을 알게 되면 나중에 후회하기 쉽다는 것이다.

내 선택이 최고가 아니었음을 알게 될 때 극대화자와 만족자는 서로 다르게 반응한다. 극대화자는 미처 고르지 못한 다른 선택지들을 생각하면서 만족해하지 못한다. 그래서 자신의 과거 선택이 잘못됐다고 계속해서 후회한다. 하지만 만족자는 자신의 선택을 합리화하기 위해 만족하려고 노력한다. 물론 자신이 한 선택보다 더 나은 선택이 있을 수도 있지만, 당시에는 그 선택이 최선이었다고 생각함으로써 만족하는 것이다.

목소리를 잃은 인어공주는 왕자님을 구한 사람이 바로 나라고 말도 못 하고, 발이 땅에 닿을 때마다 가시밭길을 걷는 듯한 고통을 받는다. 그리고 결국 물거품이 되어 영영 사라지게 된다. 그런데도 인어공주는 과연 행복했을까? 그렇다, 그녀는 행복했을 것이다. 왜냐하면 인어공주는 만족자이기 때문이다.

만족자는 극대화자보다 언제나 행복하다. 극대화자는 '더 좋은 대안이 있었을지도 모른다'는 생각에 선택하고 나서도 불안해하기 때문이다.

물론 자신의 사랑을 이루지 못한 인어공주의 이야기는 비극적이고 슬프다. 하지만 인간이 되기로 한 인어공주의 선택은 그 선택을 아예 안 했을 때보다 인어공주를 더 행복하게 만들었을 것이다.

그런데 애초에 왕자가 인어공주를 생명의 은인으로 기억해 내서 해피엔딩으로 이야기를 끝낼 수는 없었을까? 왜 안데르센 작가는 인어공주를 물거품으로 만들어버린 걸까? 어쩌면 작가는 이렇게 말하고 싶었는지 모른다.

"어차피 물거품으로 돌아가는 인생이라면 자신이 원하는 것을 얻기 위해 제 한 몸 던져 보는 것이 의미 있는 삶 아니겠는가?"라고 말이다.

심리학이 이토록 재미있을 줄이야

한 걸음 더

선택 결과의 좋고 나쁨은 내가 만들어가는 것이다

미국 시인 로버트 프로스트가 지은 시 '가지 않은 길'을 보면 이런 구절이 나온다.

> 훗날에 나는 어디선가 한숨을 쉬며 말할 것이다. 숲속에 두 갈래
> 길이 있었다고. 나는 사람이 적게 간 길을 택하였다고. 그리고 그
> 것 때문에 모든 것이 달라졌다고.

모든 선택에는 빛과 어둠이 있다. 그런 의미에서 선택은 내가 해야 한다. 다른 사람의 의견에 따라 선택하면 일이 잘 안 풀릴 때 그 사람을 원망하게 될 가능성이 크다. 그런 상황을 만들고 싶지 않다면 먼저 '내가 정말 뭘 원하는지'를 깨닫고 거기에 높은 가치를 두어 선택하는 자세가 필요하다.

'인지 부조화 이론'에 따르면 사람들은 좋아해서 선택한 게 아니라 선택해서 더 좋아하는 경향이 있다. 인지 부조화 이론이란 내 생각에 모순이 존재할 때, 이러한 모순을 불쾌하게 여겨 이를

감소시키려는 것을 말한다. 즉 내가 고른 선택지보다 더 좋은 대안이 나오면 불편한 감정을 느끼기 때문에, 일부러 이미 내가 선택한 것의 좋은 점을 생각한다는 것이다.

가령 검은색 자동차와 흰색 자동차 중에서 검은색을 선택했다고 하자. 사실 어느 쪽을 선택하든 장단점이 있는데도 불구하고 대부분의 사람들은 검은색 차를 사고 나면 '흰색 차는 금방 먼지 껴서 관리하기 불편해'라고 생각한다. 이렇게 함으로써 흰색 차의 가치를 떨어뜨리는 것이다. 반면 검은색 차를 선택한 것에 대해서는 '검은색 차가 더 세련된 맛이 있지' 하면서 검은색 차의 좋은 점을 부각한다.

옷을 살 때도 그렇고, 외식 메뉴를 고를 때도 그렇고, 전자제품을 살 때도 그렇다. 결국, 좋은 선택은 내가 어떻게 만들어가느냐에 달려 있다.

기회가 될 때마다
도움을 베풀어라

〈황새의 판결〉의 상호성의 법칙

옛날에 꾀꼬리, 뻐꾸기, 따오기는 한자리에 모이기만 하면 서로 자기 목소리가 제일 좋다고 싸웠습니다. 그러자 하루는 꾀꼬리가 제안했습니다.

"우리, 이렇게 싸우지만 말고 재판을 받아보자."

"그래, 황새 어르신이 지혜도 있고 일도 바르게 처리하시니까, 그분에게 누구 목소리가 가장 좋은지 결정해달라고 하는 게 좋겠어."

따오기가 대답했습니다. 그런데 사실 따오기는 자기 목소리에 자신이 없었습니다.

며칠 뒤, 따오기는 '개구리, 딱정벌레, 굼벵이, 지렁이' 등 황새가 좋아 할 만한 먹잇감을 잡아서 예쁜 조롱박에 담아 황새 집으로 가져갔답니 다. 황새는 따오기의 갑작스러운 방문에 조금 놀랐어요.

"무슨 일로 나를 찾아왔는가?"

"황새 어르신 그동안 기체 평안하셨습니까? 다름이 아니라 꾀꼬리와 뻐꾸기, 저 이렇게 셋이서 누구 목소리가 가장 좋은지 황새 어르신께 재 판을 받아보기로 했습니다. 그중에서 부디 저를 좋게 봐 주십시오."

"그래? 하지만 재판이란 건 본디 공정하게 해야 하는 것임을 자네도 알고 있겠지?"

"네, 네. 그렇고 말고요."

그리고 따오기는 준비해 온 선물을 황새에게 건넸어요.

"모쪼록 잘 부탁드립니다."

"허허, 이것 참."

황새는 난감한 듯 웃으며 선물을 받았지요.

날이 밝자 모두 황새의 집으로 모였습니다. 먼저 꾀꼬리가 고운 목소 리를 뽐냈습니다. 황새는 꾀꼬리의 아름다운 목소리에 속으로는 감탄하 였지만 겉으로는 이렇게 말했습니다.

"네 소리가 비록 아름답지만 가벼워서 쓸데가 없구나."

그다음에 뻐꾸기가 목청을 가다듬고 고운 소리를 냈습니다. 황새는 역시 속으로는 감탄했지만 이렇게 말했습니다.

"네 소리도 비록 아름다우나 근심이 많아서 슬프게 들리는구나."

그 말을 들은 뻐꾸기는 창피해하며 물러났어요. 그러자 이번에는 따오기가 자신만만하게 큰 소리를 냈습니다. 황새는 시끄러워서 귀를 틀어막고 싶었지만, 흐뭇한 미소를 띠며 이렇게 말했답니다.

"네 소리가 으뜸이다. 네 목소리는 웅장하고 대장부의 기상이 담긴 목소리로다."

'오는 것이 있어야 가는 것이 있다'라는 말이 있다. 이는 '상호성의 법칙'을 잘 설명해주는 말이다. 즉 누가 당신을 위해 무언가를 베풀었을 때, 당신은 빚진 마음이 들어서 당신도 그 사람을 위해 무언가를 하게 된다는 것이다.

마치 이 동화 속의 황새처럼 말이다. 황새는 따오기가 준 선물을 받고 재판에서 따오기의 편을 들어준다. 만약 황새가 따오기의 선물을 받지 않았다면 뻐꾸기, 꾀꼬리, 따오기의 목소리를 평가할 때 공정하게 판결을 내리려고 했을 것이다.

이러한 상호성의 법칙을 잘 보여 주는 실험으로 심리학자 데니스 리건이 한 실험이 있다. 그는 두 명의 실험 참가자에게 미술

작품 슬라이드를 보여주고 작품을 평가하게 하는 가짜 실험을 진행했다. 여기서 두 사람 중 한 명은 실험 참가자를 가장한 스태프였다. 이 스태프의 역할은 가짜 실험을 하는 도중 쉬는 시간에 방을 나갔다 들어오면서 콜라를 가지고 와 마시는 것이었다. 이때 실험 대상자를 두 그룹으로 나눠, 한 그룹에서는 스태프가 콜라를 두 병 들고 와 하나를 피실험자에게 나눠주었고, 나머지 한 그룹에서는 한 병만 들고 와 스태프 혼자 마시게 했다.

그리고 실험이 다 끝난 후 스태프는 피실험자 모두에게 실험의 진짜 목적인 부탁을 하나 했다. 바로 일일 찻집 표 몇 장을 사달라는 것이었다. 그랬더니 콜라를 주지 않았을 때보다 콜라를 주었을 때 거의 두 배나 많은 사람이 표를 사주었다.

이 법칙을 가장 많이 활용하는 직업은 바로 판매직이다. 판매원들은 물건을 팔기 위해 고객에게 다양한 호의를 베푼다. 고객이 상호성의 법칙에 걸려들 수 있도록 미끼를 던지는 것이다.

"안 사셔도 돼요. 일단 한 번 맛보시고 가세요. 제 말 그냥 듣기만 하셔도 사은품을 드려요."

물론 안 사도 된다. 당연히 듣기만 해도 된다. 하지만 시식 코너에서 맛을 보고 사은품을 받는 순간 우리는 상호성의 법칙에 휘말리게 된다. 이대로 사은품만 받고 물건을 사지 않으면, 판매원이 자신을 '공짜만 좋아하는 얌체'로 생각하지 않을까 걱정이 앞

심리학이 이토록 재미있을 줄이야

선다. 그런 마음의 부담을 떨쳐버리기 위해서라도 제품을 구매할 가능성이 커진다. 우리는 상대로부터 받은 호의에 보답하는 것이 합당한 사회 규범이라고 배웠기 때문이다.

이 상호성의 법칙은 호의가 아주 작은 것이거나 아니면 당사자가 원치 않는 것일 때에도 나타난다. 종교 단체 크리슈나교가 썼던 방법을 살펴보자. 인도에서 제약회사의 매니저로 일하던 A.C 박티베단타라는 사람은 자신의 이름을 스와미 프라부파다로 바꿨다. 그리고 미국에 건너가 크리슈나라는 신을 숭배하는 종교 단체를 설립했다. 그는 10년이 채 안 되는 기간 동안 미국에 있는 40개의 사원을 포함해서 세계적인 네트워크망을 설립할 수 있는 자금을 모으게 된다.

여기서 놀라운 사실은 그 돈을 길거리에 지나다니는 일반 사람들을 대상으로 모았다는 것이다. 도대체 어떤 방법을 썼길래 수많은 사람이 이 종교 단체에 기부를 했을까?

심리학자 로버트 치알디니는 크리슈나 교도들을 관찰해 그 이유를 알아냈다. 비결은 바로 '꽃 한 송이'였다. 방법은 이렇다. 교도들은 지나가는 사람에게 대뜸 다가가 꽃을 '억지로' 선물했다. 사람들이 그 꽃을 돌려주려고 하면 교도들은 "우리의 선물입니다"라고 말하며 꽃을 돌려받지 않았다. 대신 자신들의 종교 단체에 기부할 것을 권유했다. 그래서 꽃을 선물 받은 사람들은 상호성의 법칙에 의해 기부를 한 것이다.

다시 동화로 돌아가 보자. 우리가 〈황새의 엉터리 판결〉에서 주목해야 할 점이 하나 더 있다. 따오기가 황새에게 뇌물로 준 것이 장신구나 돈이 아니라 바로 '음식'이라는 사실이다. 왜 하필 음식이었을까? 따오기는 어쩌면 심리학에서 말하는 '오찬 효과'라는 것을 알고 있었을지도 모른다. 우리는 맛있는 음식을 대접받거나 함께 먹을 때 그 사람에 대한 호감도가 증가하는데 이를 '오찬 효과'라고 한다. 흔히 하는 인사말인 "언제 한 번 밥 같이 먹자"도 바로 오찬 효과에서 나온 말이다.

그렇다면 왜 음식을 대접받았을 때 상대방의 부탁을 더 잘 들어주게 되는 걸까? 그 이유는 맛있는 음식을 먹으면 기분이 좋아지는데, 이 긍정적인 기분이 함께 있는 사람에게까지 옮겨가기 때문이다.

심리학자 라즈란은 이를 증명하기 위하여 대학생들을 두 집단으로 나누어 실험했다. 그는 몇 가지 정치적 주장이 담긴 녹음 파일을 두 집단 모두에게 들려주었다. 그런데 한 집단은 맛있는 음식을 먹으면서 듣게 했고, 나머지 집단은 가만히 앉아서 녹음 파일을 듣게 했다. 그랬더니 맛있는 음식을 먹으면서 정치적 주장을 들은 집단이 그렇지 않은 집단보다 정치적 주장을 좀 더 호의적으로 평가했다.

심리학이 이토록 재미있을 줄이야

이러한 실험을 통해 알 수 있듯이 동화 속 따오기처럼 누군가를 설득해야 한다면, 맛있는 음식을 대접하면서 상호성의 법칙을 활용하는 것도 좋은 방법이다. 하지만 황새의 입장에서 '음식'은 정당한 판결을 내리지 못하게 한 '뇌물'이기도 하다. 그러니 상호성의 법칙이 주는 의무감에서 벗어나고 싶다면, 의도가 있는 호의는 거절해야 할 것이다.

물론 "황새의 입장에서 따오기가 들고 온 것은 뇌물이 아니라 선물이라 볼 수도 있지 않나?"라고 말하는 사람도 있을 것이다. 뉴스의 부정부패 사건이 보도될 때 당사자가 "뇌물인지 몰랐다. 그저 친해서 주고받은 선물이라 생각했다"라고 말하는 것처럼 말이다. 하지만 자신의 판단을 흐리게 하는 선물은 뇌물일 확률이 크기 때문에 이를 경계하는 것이 좋다.

이와 관련하여 대한상공회의소는 '선물과 뇌물을 구별하는 기준'을 다음과 같이 제시했다.

- 받고 잠이 잘 오면 선물, 잠이 오지 않으면 뇌물.
- 남들이 알았을 때 문제가 없으면 선물, 그렇지 않으면 뇌물
- 다른 직위에 있어도 받을 수 있으면 선물, 그렇지 않으면 뇌물

한 걸음 더

부정한 청탁에서 벗어나려면 '자기 입증 효과'를 기억해라

상호성의 법칙이 아니더라도 뇌물에 넘어가는 이유는 또 있다. 바로 '자기 입증 효과' 때문이다. 자기 입증 효과란 자신을 알아봐 주는 사람에게 호감을 느끼게 되는 것을 말한다.

로체스터대학의 제니퍼 캐츠 교수는 사람들이 어떤 칭찬에 호감을 느끼는지 알아보기 위해 실험을 진행했다. 그는 실험 참가자들에게 짧은 자기소개서를 작성하도록 하고 이것을 바탕으로 칭찬을 해 주었다. 예를 들어, "내 이름은 김철수예요. 취미는 그림 그리기입니다"라고 자기소개서를 적었다면 들려준 칭찬은 다음과 같았다.

a. 그림 그리기를 좋아하신다니 정말 멋지네요!

b. 정말 친절하고 멋지신 분 같아요.

그다음 실험 참가자들에게 어떤 칭찬이 더 기분이 좋고 호감을 느끼게 했는지를 물었다. 언뜻 생각하면 둘 다 좋은 말이지만 "첫

심리학이 이토록 재미있을 줄이야

번째 칭찬에 더 많은 호감을 느꼈다"라고 말한 사람이 30% 정도 더 많았다. 그 이유는 자신도 동의하는 부분에 대해서 칭찬을 했기 때문이다. 내가 알고 있는 나의 모습을 상대방도 알아봐 줄 때 진정으로 인정받는 느낌이 든다는 것이다.

뇌물을 제공하는 자는 이런 마음을 잘 알고 있다. 그래서 물건만 덩그러니 주는 것이 아니라 상대방을 한껏 치켜세우면서 '나의 진정한 가치를 알아봐 주는 사람'이라는 느낌도 함께 준다. 이것 때문에 뇌물을 받는 사람은 뇌물을 준 사람을 도울 수밖에 없게 된다. 이러한 심리 효과를 미리 알고 있어야 부정한 청탁으로부터 자신을 지킬 수 있을 것이다.

12

집단이 커질수록
개인은 더 노력하지 않는다

〈짧아진 바지〉의 링겔만 효과

옛날 어느 마을에 한 부자와 딸 셋이 살고 있었어요. 세 딸은 아버지의 재산을 더 많이 물려받기 위해 자기가 아버지를 제일 잘 모신다고 뽐냈지요. 그래서 부자는 자기 딸들이 세상에서 가장 효녀라고 생각했답니다.

하지만 마을 사람들은 부자의 세 딸보다 이웃 마을에 사는 선비의 세 딸이 더 효녀라고 칭찬했어요. 부자는 선비의 딸들이 어째서 자기 딸들

심리학이 이토록 재미있을 줄이야

보다 더 칭찬받는지 궁금했어요.

어느 무더운 여름날 부자는 선비의 집을 방문했어요. 선비는 부자를 반갑게 맞으며 방으로 안내했습니다. 그런데 선비는 무릎이 다 드러난 짧은 바지를 입고 있었어요.

'아무리 더워도 점잖은 선비 체면에 무릎이 다 드러나는 짧은 바지를 입고 있다니…'

부자는 이상한 생각이 들었습니다. 그래서 선비에게 넌지시 물어보았지요.

"아니, 어찌하여 무릎이 다 드러나는 짧은 바지를 입으셨습니까?"

선비는 껄껄 웃으면서 바지가 짧아진 사정에 대해 이야기했어요.

며칠 전 선비는 먼 친척으로부터 옷감을 선물 받았습니다. 마침 마땅히 입을 옷이 없었던 선비는 여름옷 한 벌을 해 입기로 했지요. 그런데 새로 지은 옷을 입어 보니 바지가 한 뼘이나 길어서 땅에 질질 끌릴 정도였어요. 그래서 선비는 세 딸이 모여 있는 방 밖에서 헛기침하며 말했어요.

"얘들아, 누가 내 바지 한 뼘만 줄여다오."

"네."

세 딸은 일제히 대답했습니다.

이튿날 오후에 선비는 외출하려고 그 바지를 입었어요. 그런데 줄여 놓은 바지가 너무 짧아서 무릎이 다 드러나는 게 아니겠어요.

선비는 깜짝 놀라서 세 딸을 불렀습니다.

"아니, 어젯밤에 내가 분명히 바지를 한 뼘만 줄여달라고 하지 않았느냐? 그런데 바지를 이렇게 짧게 줄여 놓았으니 도저히 입고 나갈 수가 없구나."

첫째 딸이 고개를 갸우뚱거리며 말했습니다.

"그것참, 이상하네요. 제가 어젯밤에 아버지께서 말씀하신 대로 분명바지를 한 뼘만 줄여 놓았는데요."

그러자 둘째 딸이 깜짝 놀라며 말했습니다.

"언니가 어젯밤에 줄였어요? 이걸 어쩌나! 저는 그런 줄도 모르고 오늘 새벽에 일어나서 바지를 한 뼘 더 줄여 놓았어요. 죄송해요, 아버지."

두 언니의 말을 듣고 있던 셋째 딸도 기어들어 가는 목소리로 말했습니다.

"이걸 어쩌면 좋아. 저는 언니들이 줄여 놓은 줄도 모르고 오늘 아침에 또 한 뼘을 줄여 놓았어요."

세 딸은 모두 어쩔 줄 몰라 하며 아버지께 용서를 빌었어요. 그러자 선비가 웃으면서 말했지요.

"아니다, 얘들아. 너희가 줄여 놓은 이 바지야말로 나에게 가장 잘 맞는 바지란다."

선비에게 이 이야기를 들은 부자는 고개를 끄덕이며 집으로 돌아왔습니다.

심리학이 이토록 재미있을 줄이야

부자는 자신의 세 딸이 참으로 효성스러운지 시험해보기로 했어요. 그래서 바지를 들고 딸들에게 말했지요.

"얘들아. 이 바지가 너무 길어서 입을 수가 없구나. 내일 점심때까지 너희 중에서 아무나 이 바지를 한 뼘만 줄여다오."

"네."

부자의 세 딸이 일제히 대답했습니다.

그런데 부자가 이튿날 오후에 보니 바지 길이는 어제 그대로였어요. 부자는 세 딸을 불렀습니다.

"아니, 얘들아. 내가 어젯밤에 바지 길이를 줄여달라고 하지 않았느냐? 그런데 왜 바지 길이가 그대로니?"

첫째 딸이 눈을 동그랗게 뜨고 말했어요.

"아니, 바지 길이가 그대로예요? 저는 둘째가 줄여 놓은 줄 알았는데요."

둘째 딸은 셋째 딸을 바라보며 말했습니다.

"그런 일이라면 당연히 막내가 해야 하지 않겠어요?"

그러자 셋째 딸이 화를 내며 말했습니다.

"아직 바느질도 서툰 제가 그런 걸 어떻게 해요? 그런 건 언니들이 알아서 해야지요."

이 모습을 지켜본 부자는 크게 한숨을 내쉬었답니다.

한숨 쉰 부자의 마음을 이해한다. 부자는 자기 딸들이 제일가는 효녀들이라고 자부했는데, 실상은 바지 길이를 줄여달라는 작은 부탁도 서로 미루는 모습이었으니 말이다.

그런데 왜 부자의 딸들은 아버지의 바지를 줄여 놓지 않았을까? 정말 불효녀라서 그런 것일까? 물론 아버지의 재산만 노리고 아버지의 부탁을 들어주지 않았다면, 딸들은 불효녀라고 볼 수 있다. 그럼 만약 아버지의 환심을 사기 위해 바짓단을 줄여 놓았다면, 그것은 진정한 효라고 말할 수 있을까? 그러니까 아버지의 부탁을 딸들이 들어주지 않았다고 해서 불효녀라고 단정 지을 수 있냐는 말이다.

이런 상황은 비단 동화에서만 벌어지는 일이 아니다. 당장 주위만 둘러보아도 그 예를 쉽게 찾을 수 있다. 가령 대학에서 혼자서는 과제를 하면 열심히 하지만, 팀으로 과제를 하면 서로에게 미루거나 요령을 피우며 열심히 하지 않는 경우가 있다. 이런 경향은 팀원이 많으면 많을수록 더 짙어진다. 또 친구들끼리 캠핑을 갈 때도 서로 가져와야 할 것을 명확히 해두지 않으면, 가져오지 않은 물건들이 수두룩할 것이다. 그리고 서로에게 이런 말을 할 확률이 높다.

"난 네가 가져올 줄 알았지!"

같은 맥락에서 다음 이야기도 살펴보도록 하자.

한 시골 마을에서 축제를 열기로 했다. 마을 이장은 사람들에게 "축제 때 마실 포도주를 각자 가져와서 누구라도 마실 수 있도록 커다란 술통에 부읍시다"라고 제안했다. 이에 찬성한 마을 사람들은 저마다 술통에 포도주를 갖다 부었다. 축제를 앞두고 술통은 그득 차게 되었다.

이윽고 축제 날이 되었다. 축제에 참여한 마을 사람들은 즐거운 마음으로 다 함께 모은 술통에서 포도주를 따랐다. 그런데 놀랍게도 술통에서 나온 것은 맹물이었다. 모두 '나 하나쯤은 물을 부어도 괜찮겠지' 하는 마음으로 각자 술통에 맹물을 부었던 것이다.

도대체 왜 이런 일이 일어나는 걸까? 사람이 많으면 많을수록 더 좋은 결과가 나올 것 같은데 말이다.

그에 대한 답은 바로 독일 심리학자 링겔만의 이름을 따서 지은 '링겔만 효과'에서 찾을 수 있다. 링겔만은 집단 속 개인의 공헌도를 측정하기 위해 줄다리기로 실험을 했다. 이 실험의 가설은 다음과 같다.

'참여하는 사람이 늘어날수록 개인이 발휘하는 힘도 그에 따라 증가할 것이다.'

언뜻 들으면 당연한 이야기 같다. 하지만 결과는 뜻밖이었다.

실험 결과, 줄다리기에 1명만 참여하면 그 1명은 자신의 힘을 100% 발휘했다. 그런데 2명이 참여하면 각 개인이 쓴 힘은 93%, 3명이 참여하면 85%, 4명이 참여하면 49%로 계속 줄어들었다. 참여하는 인원이 많아질수록 개인이 사용하는 힘은 더 줄어든 것이다. 이름하여 '집단 속의 게으름', 즉 무임승차가 일어났다.

링겔만 효과를 일으키는 대표적인 원인은 '이렇게 많은 사람 중에서 나 하나쯤이야' 하는 생각 때문이다. 동화 속에 등장하는 부자의 세 딸 역시 '나 하나쯤이야' 하는 생각으로 게으름을 피운 것이다. 이런 생각을 바로 '할당 전략'이라고 한다. 단체로 있으면 혼자 있을 때처럼 온 힘을 다하지 않아도 '다른 구성원이 내 몫까지 해 줄 거야'라고 생각하는 것이다.

링겔만 효과가 나타나는 또 다른 원인으로는 '최소화 전략'이 있다. 최소화 전략이란 적은 힘으로 최대의 성과를 올리고 싶어 하는 사람들의 심리를 말한다.

그럼 링겔만 효과가 일어나지 않도록 하는 방법은 없을까? 그 대답은 동화 속 선비의 세 딸에게서 찾을 수 있다. 즉 '이 일은 내가 아니면 안 돼'라는 주인의식을 가지는 것이다. 선비의 세 딸은 모두 '이 일은 내 일이야'라고 생각했기 때문에 각자 바지 길이를 한 뼘씩 줄였다. 그 결과 선비의 바지가 세 뼘이나 짧아질 수 있었던 것이다. 이처럼 자기 일이라 생각하고 각자 최선을 다하면

심리학이 이토록 재미있을 줄이야

그 효과가 배가 됨을 알 수 있다. 이 효과를 '시너지 효과'라고 한다. 시너지 효과는 링겔만 효과와 반대로 작용한다.

시너지 효과는 단순히 사람 수가 많다고 해서 일어나는 것이 아니다. 집단 구성원들이 어떤 생각을 하고 있느냐가 더 중요하다. 그래서 '나 하나쯤이야'라는 생각으로 링겔만 효과를 불러일으키는 100명보다 '이 일은 바로 내 일이야'라는 생각으로 시너지 효과를 일으키는 10명이 훨씬 더 좋은 결과를 낸다고 볼 수 있다.

링겔만 효과를 막을 수 있는 또 다른 방법이 있다. 바로 각자의 할 일을 명확히 정해 주는 것이다. 애초에 부자가 "너희 중에서 아무나"가 아니라 "첫째 딸아, 네가 바느질을 잘하니까 한 뼘만 줄여다오"라고 말했다면 부자도 자신에게 딱 맞는 바지를 입을 수 있었을 것이다. 선비도 마찬가지다. "막내딸이 바느질 연습도 할 겸 내 바지 길이를 한 뼘만 줄여다오"라고 말했다면 무릎이 다 드러난 바지는 입지 않아도 되었을 것이다.

이와 관련해 미국 애리조나대학의 심리마케팅학과 교수인 치알디니가 한 실험이 있다. 그는 실험을 위해 상황 하나를 연출했다. 상황의 내용은 다음과 같다.

1. 한 청년이 실험 참가자 옆에서 카세트를 틀어 놓고 일광욕을 즐기다가 바다에 들어간다.

2. 얼마 후 도둑 역할을 맡은 실험 협조자가 슬금슬금 다가와 청년의

   카세트와 소지품을 훔쳐서 달아난다.

그는 이 실험을 20번이나 반복했다. 그런데 20명의 실험 참가
자들 중에서 단 4명만이 그 도둑을 잡으려 했다.

이번에는 똑같은 상황에서 청년이 옆에 있는 실험 참가자에게
"제 물건 좀 봐 주세요"라고 부탁하고 바다에 들어갔다. 그랬더니
놀랍게도 20명의 사람 중 19명이 도둑을 막으려고 했다. 실험 참
가자가 해야 할 일을 명확히 정해 주었더니 링겔만 효과가 눈에
띄게 줄어든 것이다.

심리학이 이토록 재미있을 줄이야

한 걸음 더

"최선을 다하자"보다는 "여기까지 해보자"가 낫다

미국의 대표 인터넷 쇼핑몰인 아마존은 '피자 2판의 규칙'으로 소규모 인원의 중요성을 강조했다. 즉 한 팀의 최적 규모는 피자 라지 사이즈 2판으로 다 같이 끼니를 때울 수 있는 6~10명 정도의 인원이라는 것이다.

아마존의 최고 경영자인 제프 베이조스는 "한 끼 식사에 피자 2판 이상이 필요한 팀은 너무 크다"며, 이 경우 혁신적인 아이디어가 나오기 힘들다고 주장했다. 피자 2판을 나눠 먹을 수 있는 정도의 작은 인원이어야 구성원들 간의 소통이 원활하게 이루어지고 빠른 의사 결정이 가능하다는 것이다. 그러면 개인은 책임감을 느끼고 최선을 다하게 될 것이라고 강조했다.

일리 있는 말이다. 보통 사람들은 낯선 사람보다 친밀한 관계에 있는 사람과 함께 있을 때 더 많은 책임감을 느낀다. 이 경우 내가 속한 집단의 성공을 나의 성공만큼이나 중요시하게 된다. 그러므로 링겔만 효과를 줄이려면 집단 구성원이 친밀한 관계를 맺을 수 있도록 환경을 조성하는 게 좋다.

더불어 막연하게 "생각나는 대로 아이디어를 내보자"라고 하거나 "최선을 다하자"라고 말하는 것보다는, "내일 각자 새로운 제품 아이디어를 10개씩 제출하세요"라고 하거나 '무사고 100일'과 같은 구체적인 목표를 설정하는 게 훨씬 낫다. 그래야 시너지 효과를 높일 수 있기 때문이다.

나보다 잘난 사람에
기대는 심리

〈못 믿을 선비〉의 반사된 영광 효과

옛날에 한동네에 사는 김 선비와 황 선비가 과거 시험을 보러 한양으로 떠나게 되었습니다. 두 사람은 함께 지내며 밥도 같이 먹고, 잠도 같이 잤습니다. 그래서 사이가 무척 좋아졌지요.

그러던 어느 날 두 사람이 주막에서 하룻밤을 묵고 어느 우물가 근처에 다다랐을 때였습니다.

김 선비가 물을 마시려는 순간 표주박에 무언가가 반짝였습니다. 자세히 살펴보니 꽤 묵직한 황금이었습니다.

"이게 웬 떡이냐? 하하하!"

김 선비는 봇짐에 황금을 넣었습니다. 이를 본 황 선비가 말했습니다.

"그래, 우리는 정말 운이 좋군."

두 사람은 우물가에서 조금 쉬다가 다시 길을 떠났습니다. 얼마쯤 가는데 누군가가 뒤에서 두 사람을 불렀습니다. 보니 웬 험상궂은 사내가 헐레벌떡 뛰어오고 있었습니다.

"이보시오, 혹시 저기 우물가에서 황금 못 봤소? 아까 물을 마시다가 그만 빠뜨렸나 보오."

분명 그 황금의 주인인 것 같았습니다. 하지만 김 선비는 아쉽기도 하고 혹시 진짜 주인이 아닐지도 모른다는 생각에 어물어물하고 말았습니다.

"글쎄, 본 것 같기도 하고 아닌 것 같기도 하고…"

"그런 게 어디 있소. 보았는데 가져가서 숨긴 거요?"

사내가 따졌습니다.

김 선비는 당황하며 말했습니다.

"어허, 그게 아니라…"

그때였습니다. 성질이 급한 사내가 김 선비의 멱살을 잡고 흔들었습니다. 겁에 질린 김 선비는 봇짐 속에서 황금을 꺼내 사내에게 돌려주었습니다. 사내가 떠나자 가만히 있던 황 선비가 말했습니다.

심리학이 이토록 재미있을 줄이야

"좋다가 말았네. 자네는 참 운이 없군."

그러자 김 선비가 벌컥 화를 냈습니다.

"예끼! 이 못 믿을 사람아! 내가 황금을 주웠을 때는 '우리가 운이 좋군'이라고 말하더니, 내가 봉변에 처하니 '자네는 운이 없군'이라고? 좋은 일에는 '우리'고 나쁜 일에는 '자네'란 말인가? 거참, 아주 고약한 친구로구먼!"

김 선비는 그렇게 말하고는 혼자 휑하고 가버렸습니다. 황 선비는 무안해서 그만 얼굴이 새빨개졌지요.

황 선비는 함께 있던 김 선비가 황금을 줍자 '우리'라고 말했다. 그런데 이 황금 때문에 김 선비가 봉변을 당하자 '자네'라고 말을 바꿨다. 사실 황 선비뿐만 아니라 우리도 이런 행동을 종종 한다. TV 속 연예인을 보며 "저 친구 우리 고등학교 나왔어"라든가 "나 예전에 저 친구랑 횡단보도에서 인사했어"라고 말하는 경우를 심심찮게 볼 수 있다. 하지만 연쇄 살인범을 보고 "나 어렸을 때 쟤랑 친했어"라고 자랑스럽게 말하는 사람은 없다.

우리가 이렇게 행동하는 이유는 심리학에서 말하는 '반사된 영광 효과'와 '반사된 실패 차단하기' 때문이다.

반사된 영광 효과란 '내가 성공한 사람과 연결되어 있다'는 사실을 주변 사람들에게 알려, 나의 이미지를 그 사람처럼 좋아 보이게 만드는 것을 말한다.

캘리포니아대학의 앨버트 해리슨 교수와 그의 동료들은 9,000명이 넘는 저명한 인사의 생일을 조사했다. 그리고 이들 중에서 미국의 독립기념일(7월 4일)이나 크리스마스날(12월 25일) 혹은 새해 첫날(1월 1일)이 생일인 사람의 수와 그날을 기준으로 3일 전후에 태어났다고 말하는 사람의 수를 세어 통계를 냈다.

통계적으로 보면 독립기념일이나 새해 첫날처럼 어떤 특별한 날에 태어난 사람의 수나 특별한 날이 아닌 날에 태어난 사람의 수는 거의 비슷하다. 예를 들어 독립기념일에 태어난 사람의 수와 독립기념일 전날이나 그다음 날에 태어난 사람의 숫자는 거의 비슷하다는 말이다. 그런데 조사를 해보니 이상한 일이 벌어졌다. 미국의 독립기념일이나 크리스마스날 혹은 새해 첫날에 태어난 사람들이 그날을 기준으로 3일 전후에 태어난 사람들보다 훨씬 많았던 것이다. 이는 확률적으로 대단히 힘든 일이다.

그래서 이런 일이 벌어지기도 했다. 유명한 재즈 음악가 루이 암스트롱은 생전에 "나는 미국의 독립기념일인 7월 4일에 태어났다"고 말했다. 실제로 그는 자신의 생일 파티를 이날 열어 자축했다. 그러나 암스트롱 사후에 뉴올리언스에 있는 세인트루이스 성당의 출생 신고 기록을 통해 그의 진짜 생일이 8월 4일인

심리학이 이토록 재미있을 줄이야

것으로 밝혀졌다. 즉 7월 4일은 거짓 생일이었던 것이다.

이 조사를 통해 '저명한 인사들이 의미 있고 특별한 날에 자신을 연관 지으려고 거짓 생일을 말했을 가능성이 크다'는 사실이 밝혀졌다.

해리슨의 연구팀은 또 다른 조사를 진행했다. 이번에는 수많은 사람 중에서 성직자에 초점을 맞추었다. 먼저 연구자들은 성직자를 주교 이상의 직책을 가진 사람과 그 이하의 직책을 가진 사람으로 나누었다. 그리고 모든 성직자의 생일을 조사한 후 그중에서 크리스마스날에 태어난 사람의 수를 세었다. 당연히 두 집단 모두 크리스마스에 태어난 사람의 비율에서 별 차이가 없어야 한다. 그런데 조사 결과는 달랐다. 주교 이상 직책의 성직자 집단이 그 이하 직책의 성직자 집단보다 크리스마스에 태어난 사람의 비율이 현저히 높았다. 이는 앞의 루이 암스트롱의 예처럼 높은 직책을 가진 성직자들일수록 반사된 영광 효과를 누리기 위해 거짓말을 했을 가능성이 크다는 사실을 보여준다.

반사된 영광 효과는 마케팅 전략으로 쓰이기도 한다. 가끔 '트로트의 여왕 ○○○이 태어난 고향'처럼 홍보하는 것을 본 적이 있을 것이다. 마을이 유명한 사람과 연결되어 있다는 것을 강조해 마을의 이미지를 높이는 것이다.

반사된 영광 효과와 반대되는 개념으로 '반사된 실패 차단하기'

가 있다. 반사된 실패 차단하기란 주위의 실패나 부정적인 평가에 자신이 관련되는 것을 피하려는 심리를 말한다. 동화에서 김 선비가 봉변을 당하자 황 선비가 '자네'라고 말하면서 거리를 둔 것처럼 말이다. 실생활에서는 따돌림당하는 사람과 친하게 지내면 자신에게 불똥이 튈까 봐 피하게 되는 경우를 들 수 있다.

이 효과와 관련해 심리학자 로버트 치알디니가 행한 실험이 있다. 그는 대학교 미식축구 경기를 관람한 대학생들에게 전화를 걸었다. 이때 절반의 학생들에게는 본인이 소속된 대학이 승리했던 경기에 대해서 물었고, 나머지 절반에게는 패배했던 경기에 대해서 물었다. 그리고 통화 내용을 녹음해 일일이 분석했다. 그랬더니 승리한 결과에 대해서 설명하는 학생들은 패배한 결과에 대해서 설명하는 학생들보다 '우리'라는 단어를 훨씬 더 많이 쓴 것을 발견했다. 예를 들면 이런 식이었다.

"우리가 17 : 14로 이겼어요!"

하지만 패배한 결과에 대해서 설명한 학생들은 '우리'라는 말을 쓰지 않았다. 대신 '그들'이라는 표현을 사용했다.

"점수는 잘 기억나지 않는데 어쨌든 그들이 졌습니다."

"상위권에 들 수도 있었는데 그들 때문에 졌어요."

이 실험은 자기 팀이 이겼을 때는 자신과 팀을 동일시하려고 하지만, 졌을 때는 최대한 팀과 거리를 두려 한다는 것을 보여 준다.

같은 맥락에서 로버트 치알디니는 비슷한 실험을 하나 더 했다. 이번에는 대학교의 미식축구팀이 경기에서 승리했을 때 소속 학생들이 보이는 태도를 관찰했다. 그 결과 학생들은 팀이 승리했을 때 자기 대학의 로고가 새겨진 옷을 더 많이 입는 것으로 나타났다.

학생들은 왜 자기 팀이 승리했을 때 학교 티셔츠를 더 많이 입었을까? 이는 반사된 영광 효과의 영향 때문이다. 자신과 승리한 팀의 관계를 밝힘으로써 자신의 이미지를 높일 수 있다고 생각한 것이다.

우리는 반사된 영광 효과를 좀 더 객관적으로 바라볼 필요가 있다. 인간은 어떤 사람이 잘 나가면 그 사람과의 친분이나 인연을 과시하려 하지만, 그 사람이 잘못되면 거리를 두려고 하기 때문이다.

늘 승승장구할 수는 없는 법이다. 그러므로 성공했을 때와 실패했을 때에 따라 사람을 대하는 태도가 달라진다면 진정한 인간관계라고 볼 수 없다. 동화 마지막에 김 선비가 황 선비더러 "예끼! 이 못 믿을 사람아!"라고 윽박지른 것처럼 말이다.

한 걸음 더

내 모습을 그대로 보여 주고 싶다면 '대비 효과'를 조심하라

반사된 영광 효과가 늘 도움이 되는 것만은 아니다. 다음과 같은 예를 보면 꼭 그렇지만은 않다는 것을 알 수 있다.

한 인터뷰에서 강동원은 "우정을 의심한 적이 있느냐"는 취재진의 질문에 이렇게 답했다. "고등학교 때 기숙사에 살면서 한 2주 정도 룸메이트들이 밤마다 방에 없었다. 그래서 따돌림을 당하는 게 아닐까 생각했다." 그런데 나중에 알고 보니 룸메이트들이 자신을 빼놓고 밤마다 여자를 만나러 나가느라 방에 없었던 거였다. 당시 강동원은 엄청난 배신감을 느꼈다고 한다. 이에 강동원의 친구들은 강동원에게 "네가 나가면 여자애들이 우리를 안 보잖아!"라고 말했다고 한다.

혹시 강동원의 친구들은 심리학 효과를 알았던 게 아닐까? 몰랐더라도 본능적으로 느꼈을 가능성이 크다. 너무 매력적인 상대와 함께 있으면 그 사람과 비교된 내가 평가절하될 수 있다는 사실을 말이다. 이를 심리학적 용어로 '대비 효과'라고 한다. 이처럼 대비 효과는 반사된 영광 효과의 반대 개념을 뜻한다.

심리학이 이토록 재미있을 줄이야

그러면 언제 반사된 영광 효과가 적용되고 대비 효과가 나타나는 것일까? 연구 결과, 내가 상대방과 정말 친한 관계라면 반사된 영광 효과가 적용되지만, 우연히 옆에 있거나 일시적인 관계라면 대비 효과가 일어난다. 한 실험에 의하면 사람들이 영화 〈미녀 삼총사〉를 보고 나서 연인의 외모를 더 낮게 평가했다고 한다. 외모가 뛰어난 배우가 나오는 영화를 애인과 같이 보다가 문득 애인을 보니 예전만큼 예뻐 보이지 않았다는 것이다.

대비 효과와 관련해 영국의 사상가 존 로크는 이런 말을 했다. "당신이 직전에 뜨거운 물을 만졌는지 차가운 물을 만졌는지에 따라 미지근한 물은 차갑게 느껴질 수도 있고 뜨겁게 느껴질 수도 있다."

그러므로 내가 누구와 함께 있느냐에 따라 나에 대한 평가가 달라질 수 있다. 나의 모습을 있는 그대로 상대방에게 보여 주고 싶다면, '반사된 영광 효과'나 '대비 효과'에 휘둘리지 않도록 주의해야 할 것이다.

14

좌절감이 커지면
공격성도 커진다

〈어부와 마신〉의 좌절-공격 가설

옛날에 어느 가난한 어부가 물속에 쳐놓은 그물을 끌어 올렸는데, 물고기는 잡히지 않고 대신 낡은 램프를 건졌습니다. 램프의 뚜껑은 밀랍으로 단단히 닫혀 있었고 거기에는 솔로몬 왕의 봉인이 찍혀 있었습니다. 이게 뭔가 하고 어부가 궁금해서 램프의 뚜껑을 열어 보니, 어마어마한 연기와 함께 거대하고 무시무시한 마신魔神이 램프에서 나왔습니다.

마신은 솔로몬 왕에 의해 램프에 봉인되어 오랜 세월 동안 바닷속에

심리학이 이토록 재미있을 줄이야

있었습니다. 그런데 마신은 램프에서 나오자마자 어부를 죽이려 했습니다. 어부는 억울해서 마신에게 따졌지요.

"난 당신을 램프에서 꺼내 준 은인인데, 왜 날 죽이려는 거요?"

그러자 마신이 답했습니다.

"내가 램프에 처음 갇혔을 때는 누구든 나를 꺼내 주는 사람에게 어마어마한 보물이 숨겨진 곳을 알려 줘야겠다고 마음먹었다. 그러나 오랜 세월이 지나도록 아무도 나를 꺼내 주지 않았다. 그래서 다시 나를 구해 주는 사람에게는 세 가지 소원을 들어주겠다고 맹세했다. 하지만 여전히 아무도 나를 구해 주지 않았다. 그래서 나는 화가 나서 결심했다. 누구든 나를 구해 주는 자가 있으면 죽여버리겠다고."

꼼짝없이 죽게 된 어부는 마지막으로 꾀를 써서 이렇게 말했습니다.

"그런데 당신 정말 이 조그만 램프에서 나온 거요? 난 못 믿겠소. 당신이 램프에 들어가는 걸 보여 주면 모를까."

그 말에 속아 넘어간 마신은 다시 한 줄기의 연기로 변해 램프 속으로 들어갔고, 어부는 즉시 램프의 뚜껑을 닫아버렸답니다.

언뜻 이 동화를 읽으면 잘 이해가 되지 않는다. 마신의 모습은 마치 물에 빠진 사람 구해 주니 보따리 내놓으라고 하는 격이기 때문이다. 차라리 보따리를 빼앗기는 게 낫지 마신은 심지어 어부의 목숨을 가져가려고 든다. 오랫동안 갇혀 있다가 어부 덕분에 풀려났으면 먼저 고마워하는 게 마땅한데 마신은 전혀 그렇지 않다. 도대체 왜 마신은 자신을 구해 준 어부를 죽이려고 했을까?

마신의 이러한 행동은 동화에서만 일어나는 일이 아니다. 모든 인간의 마음에는 공격성이 자리하고 있다. 이를 두고 심리학자 프로이트는 "인간에게는 삶의 본능뿐만 아니라 파괴하고 싶어 하는 죽음의 본능도 있다"라고 주장했다. 이를 증명이라도 하듯 너무나 귀엽고 아무것도 모를 것 같은 아기들도 공격성을 보일 때가 있다. 동생이 태어나면 부모님 몰래 동생의 얼굴을 할퀸다든가, 친구의 물건을 빼앗는다든가, 힘들게 쌓아 올린 블록을 툭 쳐서 망가뜨려 놓는다든가 하는 식으로 말이다. 청소년은 또 어떤가. 매스컴에서 연일 보도되는 일부 악랄한 청소년의 범죄 행위를 보고 누리꾼들은 "성선설을 주장한 맹자는 성악설을 주장한 순자에게 무릎을 꿇어야 한다"라는 반응을 보이기도 했다.

이러한 공격성에 대해 심리학자들은 많은 연구를 해 왔다. 그중이 동화 속 마신의 공격성을 설명할 수 있는 것은 바로 '좌절-공격 가설'이다. 좌절-공격 가설이란 공격성의 원인 중 하나가 '좌절감'이어서 좌절을 경험하면 공격적인 행동을 할 가능성이 커진다는 것을 뜻한다.

좌절-공격 가설을 이해할 때 유의해야 할 점이 있다. 바로 좌절

심리학이 이토록 재미있을 줄이야

감이 항상 공격적인 행동을 유발하거나 공격성의 유일한 원인은 아니라는 것이다. 공격성의 원인에는 여러 가지가 있다. 신경학적인 이유일 수도 있고 학습의 이유일 수도 있다. 그러니까 좌절감이라는 부정적 정서는 공격성을 일으키는 원인 중 하나일 수 있다는 것이다. 그래서 심리학자들은 좌절-공격 '가설'이라고 부른다.

좌절감과 공격성의 관계를 잘 보여 주는 실험이 있다. 바로 사회심리학의 아버지라 불리는 레빈과 그의 동료들이 행한 실험이다.

연구자들은 방 안 가득 장난감을 늘어놓고 아이들에게 장난감을 보고만 있으라고 했다. 아이들은 끙끙 앓는 소리를 내며 장난감을 보고만 있었다. 한참 뒤에 연구자들은 아이들이 장난감을 가지고 노는 것을 허락했다. 그랬더니 엄청난 일이 벌어졌다. 아이들이 장난감을 때리거나 부수고 벽에 던지며 공격적인 행동을 보인 것이다.

이렇듯 좌절은 인간의 공격성을 증가시킨다. 그런데 여기서 좌절과 결핍을 헷갈리면 안 된다. 아이들은 장난감을 만지지 못해서 생긴 상황적 결핍 때문에 공격성을 보인 것이 아니다. 바로 자신들의 놀 권리가 부당하게 차단돼서 느낀 좌절감 때문에 공격성을 나타냈다. 사실 공격성은 단순한 결핍 상태에서는 잘 일어나지 않는다. 하지만 예기치 못한 상황에 맞닥뜨리거나 부조리한 이유로 원하는 바를 얻지 못하면 얘기는 달라진다. 그때 느낀 좌절감이 공격성을 증가시키기 때문이다.

이와 관련해 제임스 쿨릭과 로저 브라운이 했던 실험 하나가 있다. 연구자들은 실험 참가자들을 두 집단으로 나누고 기부금 모금 전화를 하게 했다. 그리고 실험 참가자들에게 이렇게 말했다. "전화를 받은 사람이 기부하겠다는 의사를 밝힐 경우 보상으로 돈을 드리겠습니다."

이때 한 집단에게는 "저번에 전화해보니 생각보다 많은 사람들이 기부 의사를 밝혔다"라고 넌지시 말해, 해당 집단의 실험 참가자들이 많은 돈을 벌 수 있을 거란 기대를 하게 했다. 그리고 다른 집단에게는 "생각보다 사람들이 기부 의사를 덜 밝힌다"라고 말해, 해당 집단에 속한 실험 참가자들의 기대 수준을 낮췄다.

실험 참가자들은 연구자들로부터 전화번호부를 받아 기부금 모금 전화를 걸기 시작했다. 그런데 사실 이 전화번호부에 적혀 있는 사람들은 모두 실험 협조자였다. 이들은 실험 참가자들이 전화를 걸어서 기부 의사를 물으면 모두 거절하기로 입을 맞춰 놓은 상태였다.

실험 결과, 낮은 기대를 하고 전화를 걸었던 실험 참가자들보다 높은 기대를 하고 전화를 걸었던 실험 참가자들이 실험 협조자의

심리학이 이토록 재미있을 줄이야

거절에 더 거친 말을 하고 수화기를 쾅 소리가 나도록 내려놓았다. 자신이 예상하지 못한 상황으로 인해 좌절을 경험하자 공격성을 보인 것이다.

연구자들은 불합리한 이유로 자신의 욕구가 차단되는 경우도 실험해 보았다. 이번에는 실험 협조자들을 두 집단으로 나누고, 실험 참가자들의 기부 요청을 거절할 때, 한 집단에게는 합리적인 이유를 말하게 하고, 나머지 집단에게는 말도 안 되는 이유를 말하게 했다. 합리적인 이유란 예를 들어 "경제적 사정이 좋지 않아 기부할 수 없다"였고, 말도 안 되는 이유란 "인간이 인간을 불쌍하게 여길 권리가 있는가? 기부하는 건 쓸데없는 짓이다"와 같은 것이었다. 이 경우에도 실험 참가자들은 합리적인 이유로 거절당했을 때보다 말도 안 되는 이유로 거절당했을 때 더 화를 냈다.

다시 동화로 돌아가 보자. 마신은 솔로몬 왕에 의해 램프에 갇혔을 때 전혀 예상하지 못한 상황이라 좌절을 느꼈을 것이다. 설령 마신이 솔로몬 왕에게 무언가 잘못했다 하더라도 일회성이 아닌 영원한 처벌이었으므로 마신에게 이는 말도 안 되는 부당한 처사였다. 그 결과 마신의 좌절감이 공격성을 불러일으킨 것이다.

그런데 마신이 누군가를 죽이겠다고 결심했다 하더라도, 그 대상은 자신을 구해 준 사람이 아닌 솔로몬이어야 하지 않을까? 보통 공격 대상은 좌절을 가져다준 대상이니 말이다.

　그러나 공격성을 표출할 때 나에게 피해를 준 상대방이 이미 존재하지 않거나, 나보다 힘이 세거나, 불가항력적인 자연 현상이라면 다른 대상으로 치환되기도 한다. 이 대상이 바로 희생양이 되는 것이다. 즉 마신에게 있어 좌절을 초래한 대상은 솔로몬 왕이거나 자신을 가둔 램프일 텐데, 솔로몬 왕은 너무 힘이 세고, 램프는 무생물이다. 그래서 마신은 좌절감이 부른 공격성을 해소할 만한 대상으로 자신을 구해준 은인을 선택한 것이다.

한 걸음 더

좌절-공격 가설은 분노 조절 장애와도 관련 있다

좌절-공격 가설이 갖는 의미를 사회로 확대해보자. 요즘 일면 식도 없는 사람에게 공격을 가하는 '묻지 마 폭행' 사건이 꾸준히 발생하고 있다. 이런 범죄의 대표적인 공통점은 범인이 현실에 대한 강한 불만과 좌절을 경험했다는 것이다.

가령 코로나19를 계기로 서구사회에서 아시아인을 혐오하고 폭행하는 사건이 급증했다. 코로나19로 일상생활에 많은 제약이 따르자 이에 강한 불만을 가진 사람들이 생겨난 것이다. 잠시 참 으면 될 줄 알았던 사태가 예상보다 장기화되고, '코로나 블루'에 서 시작된 우울증, 무기력감이 점점 쌓이면서 분노로 변한 탓이 다. '언제까지 집에만 있어야 하는 거지?', '사람 많은 곳엔 언제 다시 갈 수 있는 거야?', '정부는 도대체 뭘 하는 거지?', '저 사람 들은 왜 마스크를 안 쓰고 돌아다니는 거냐고.' 이런 식으로 점점 신경이 예민해지고, 평소 같으면 참고 넘겼을 일에도 화를 내게 된다.

사회 전반적으로 좌절감이 팽배할 때 얼마나 많은 혼란과 무질서가 나타날지도 생각해 봐야 할 문제다. 예를 들면 눈이 마주쳤다는 이유로 길 가던 70대 할아버지를 폭행하거나 단지 자신의 기분이 안 좋다는 이유로 지나가던 사람을 벽돌로 내리친다든가 하는 사건들 말이다. 이러한 사건들은 대부분 자신보다 물리적 힘이 약한 존재를 공격한 사례에 해당한다. 동화에서 자신보다 약한 어부를 표적으로 삼은 마신처럼, 숱한 좌절을 경험한 사람들은 자신보다 약한 존재를 공격 대상으로 삼는 경우가 많다.

그러므로 좌절로 인해 분노를 느끼고 있다면, 이 분노가 엉뚱한 대상에게 돌아가지 않도록 자신의 분노를 조절해야 한다.

옷이 날개가 되는
심리학적 이유

〈선비의 옷〉의 고정관념과 편견

옛날 어느 마을에 학식이 높은 한 선비가 살고 있었습니다. 그는 매우 검소해서 옷차림이 늘 볼품없었지요.

하루는 높은 벼슬에 있는 대감이 "곧 내 생일잔치가 있으니 마을 사람들은 단 한 명도 빠짐없이 참석하시오"라고 말했습니다. 잔치가 열리는 날, 선비는 평소에 입는 옷을 입고 집을 나섰습니다. 선비가 대감 집에 도착해보니, 이미 집 안은 많은 사람들로 북적였지요.

그런데 대감댁 문지기들이 선비의 허름한 옷차림을 보고, 선비가 집 안으로 들어가는 것을 막았습니다.

그 모습을 본 대감은 "오늘같이 경사스러운 날에는 아무나 들여보내서 잔치에 참석하게 하라"고 말했습니다. 문지기들은 그제야 선비를 통과시켰습니다. 겨우 안으로 들어온 선비는 시종이 안내한 구석에 자리를 잡았습니다. 시종은 술과 안주를 차린 조그만 상을 선비에게 내주고 빨리 먹고 나가라고 했습니다.

술상을 받은 선비는 그래도 누군가 같이 먹을 사람이 없는지 주위를 둘러보았습니다. 하지만 아무도 선비에게 눈길을 주지 않았습니다. 모멸감을 느낀 선비는 자리를 박차고 나와 집으로 돌아갔습니다.

집에 온 선비는 허름한 옷을 벗고 반듯한 옷으로 갈아입었습니다. 그리고 다시 생일잔치가 열리는 대감 집으로 갔습니다. 그런데 문지기가 이번에는 선비를 보고 공손하게 인사했습니다. 그들이 문전박대했던 선비인 줄 몰라본 것이지요.

선비가 집 안으로 들어서자 아까 그 시종이 달려와 선비를 좋은 자리로 안내했습니다. 시종 역시 아까 그 선비인 줄 몰라본 것이었습니다.

선비가 좋은 자리에 앉으니, 조금 전에는 아는 체도 안 했던 사람들이 선비에게 술을 권했습니다. 술을 받은 선비는 자신의 옷에 술을 부으며 이렇게 말했답니다.

"옷아, 이 술 받거라. 이 술은 내가 아닌 너에게 주는 것이니."

심리학이 이토록 재미있을 줄이야

이 동화는 옷차림으로 사람을 판단하는 세태를 풍자하고 있다. 하지만 '옷이 날개다'라는 말이 있듯이 옷은 생각보다 우리에게 많은 영향을 끼친다. 가령 아주 잘 차려입은 노신사가 한적한 공원 벤치에 앉아 있다고 상상해 보자. 아마 별다른 생각이 들지 않을 것이다. 그런데 이 노인이 후줄근한 옷을 입고 앉아 있다면 어떨까? 우리는 노인에게 측은한 감정을 느끼며, 독거노인에게 애정과 관심을 가져야 한다고 생각할지도 모른다. 이처럼 우리는 사람의 옷차림을 보고 그 사람을 판단하는 경향이 있다. 왜냐하면 옷에 대한 우리의 고정관념과 편견이 작용하기 때문이다.

동화에서 문지기는 '허름한 옷을 입은 사람은 별 볼 일 없는 사람이야'라는 고정관념과 편견 때문에 선비를 내쫓으려 했다. 우리는 이런 문지기를 보며 야박하다고 말하지만, 사실 많은 사람들이 문지기 같은 행동을 하고 있다.

심리학자 존 몰로이는 옷에 대한 고정관념이 어떻게 작용하는지 보여주는 실험 하나를 했다. 그는 고급스러운 옷을 입은 실험 협조자에게 한 호텔로 들어가라고 시켰다. 이때 그냥 들어가는 것이 아니라 다른 사람이 들어갈 때 같이 들어가도록 했다. 그 결과 문에서 실험 협조자와 마주쳤던 사람들의 약 94%가 고급스러운 옷을 입은 실험 협조자에게 먼저 길을 양보했다.

이번에는 실험 협조자에게 허름한 옷을 입혀서 똑같은 실험을 진행했다. 그랬더니 실험 협조자와 마주쳤던 사람들의 약 82%가 허름한 옷을 입은 실험 협조자에게 길을 양보하지 않았다. 심지어 5%의 사람들은 실험 협조자에게 욕설을 내뱉기도 했다. 단지 옷만 바꿔 입었을 뿐인데 말이다.

아마 대부분의 사람들은 고급스러운 옷을 입은 실험 협조자와 마주치고 이런 생각을 했을 것이다.

'저렇게 좋은 옷을 입었으니 뭔가 높은 직책의 사람일 거야. 그런 사람에게 좋은 인상 심어 줘서 나쁠 거 없지.'

그런데 허름한 옷을 입은 실험 협조자와 마주쳤을 때는 이런 생각이 들었을 것이다.

'뭐 이런 나부랭이가!'

옷차림에 관한 고정관념의 또 다른 예로 사회심리학자 밀그램의 실험을 들 수 있다. 그는 실험 협조자에게 작업복과 정장을 한 번씩 입혀 무단횡단을 하게 했다. 그랬더니 실험 협조자가 작업복을 입었을 때보다 정장을 입었을 때, 더 많은 사람들이 실험 협조자를 따라서 무단횡단을 했다.

좋은 옷을 입어야 좋은 대접을 받을 수 있다면 우리는 늘 비싸고 질 좋은 옷만 입어야 할까? 정말 그렇다면 빚을 내서라도 고급스러운 옷을 사야 할 것이다. 하지만 밀그램의 후속 실험 결과, 옷이 비싼지 싼지는 크게 중요하지 않은 것으로 드러났다. 정말 중요한 것은 옷의 가격이나 질이 아니라 '얼마나 깔끔하게 입었는 가'였다. 참고로 옷차림에서 중요한 것은 '티피오T.P.O'다. 티피오 란 옷을 입을 때 시간Time, 장소Place, 상황Occasion을 고려하는 것 을 말한다. 사실 동화 속 선비도 커다란 생일잔치에 초대를 받았 으면 그에 걸맞게 처음부터 깔끔한 옷을 선택했어야 한다.

이러한 고정관념과 편견은 사실 옷뿐만 아니라 인종, 성별, 종 교, 직위, 지역, 국가 등에 대해서도 광범위하게 일어난다. 예를 들어 특정 지역민을 판단하거나 혈액형을 예측하는 것부터 '공무 원은 꽉 막혔다', '마른 사람은 깐깐하다', '서울 사람은 깍쟁이다' 등 수도 없이 많다. 이러한 고정관념과 편견은 어렸을 때부터 환 경적, 교육적 요인에 의해 형성된 것일 가능성이 크기 때문에 이 를 완전히 없애기는 불가능하다. 예를 들어 중국인들이 먹는 거 미, 지네로 만든 튀김이 사실은 고단백이며 아주 영양가가 높다 는 과학적 근거를 대면 당신은 먹겠는가? 아마 쉽지 않을 것이다.

그러면 이러한 고정관념과 편견은 도대체 왜 만들어지는 걸까? 이에 대해서는 다섯 가지 이유를 들 수 있다.

첫 번째로는 편리함 때문이다. 우리는 어떤 사람을 판단할 때 그 사람의 한 부분만 가지고도 쉽게 판단하는 것이 편리하다. 그 래서 특별한 이유가 없다면 그 사람의 모든 면을 일일이 확인하 려 들지 않는다.

두 번째로는 익숙함 때문이다. 우리는 자신의 생각을 뒷받침하는 정보일수록 그 정보를 더 잘 기억한다. 예를 들면 사람들은 히스테리를 잘 부리는 노처녀를 보고 '노처녀라서 그래'라고 생각한다. 보통 '노처녀는 히스테리를 잘 부린다'고 알고 있기 때문에 그 노처녀의 다른 면은 보지 않고 그렇게 단정 짓는 것이다.

세 번째로는 착각적 상관 때문이다. 착각적 상관이란 두 사실 사이에 어떠한 관계가 존재하지 않음에도 관계가 있는 것처럼 착각하는 현상을 말한다. 이는 특히 소수 집단을 상대로 잘 나타난다. 소수 집단은 그 수가 적다는 이유만으로 나쁜 행동을 했을 때 더 잘 기억되기 때문이다. 예를 들어 이주 노동자가 범죄를 저질렀을 때를 들 수 있다.

네 번째로는 학습 때문이다. 살면서 자기도 모르게 고정관념을 학습하는 것이다. 이는 본인의 경험이나 가족, 주변 사람 혹은 사회적 문화와 대중매체에 의한 것일 수도 있다.

다섯 번째로는 정치적 이유 때문이다. 권력에서 우위를 차지한 집단이 그 권력을 유지하기 위해 경쟁 집단에게 고정관념과 편견을 만들어 덮어씌우는 것이다.

그럼 고정관념과 편견을 깨뜨릴 수는 없을까? 다시 말해, 우리는 이런 고정관념과 편견에 대해 늘 가해자인 동시에 피해자여야 하는 것일까? 사실 고정관념과 편견은 참 바꾸기 어렵다. 그런데

심리학이 이토록 재미있을 줄이야

도 고정관념과 편견을 깨뜨릴 방법이 있다. 이는 미국 오클라호마대학의 사회심리학자인 무자퍼 셰리프가 진행한 유명한 실험에서 찾을 수 있다.

실험 내용은 이렇다. 연구자들은 소년들을 모아 보이스카우트 캠프를 열었다. 그리고 소년들을 방울뱀팀과 독수리팀으로 나누고 서로 다른 구역에 텐트를 설치하도록 했다. 이때 서로의 텐트 앞에 '진입 금지'라는 팻말을 설치했다. 양 팀은 주어진 과제를 수행하면서 자기 팀만의 규칙과 분위기를 형성했다. 시간이 지나고 연구자들은 게임을 통해 두 팀을 경쟁시켰다. 그랬더니 소년들은 상대 팀을 비난하고 심지어 욕을 하며 싸우기까지 했다.

연구자들은 두 팀을 화해시키기 위해 접촉 가설을 바탕으로 서로 자주 만날 기회를 주었다. 접촉 가설이란 자주 만날수록 서로에 대한 호감이 증가하는 것을 말한다. 그래서 다 같이 식사하기, 함께 영화 보기 등을 진행했지만, 두 팀의 사이는 전혀 좋아지지 않았다.

연구자들은 고민 끝에 다른 방법을 생각해냈다. 바로 모두가 힘을 모아야지만 문제를 해결할 수 있는 협동 과제를 준 것이다. 가령 영화관에 가기 위해 함께 돈을 벌거나 사고로 흙구덩이에 빠진 트럭을 함께 끌어 올리는 것 등이었다. 그랬더니 양 팀의 갈등이 점점 누그러졌다.

이 실험 내용이 실생활에 적용된 예로 체육대회나 올림픽을 들 수 있다. 2002년 월드컵 때를 한번 생각해 보자. 당시 우리나라 사람들은 모르는 사람을 길거리에서 얼싸안고 대한민국 축구팀의 사상 첫 4강 진출을 함께 자축했다. 그 사람들 중에는 나와 정치적으로 반대편인 사람들도 있었고, 다른 가치를 지향하는 사람들도 있었다.

즉 고정관념과 편견을 해소하려면 단순히 자주 만나는 것보다 하나의 목표를 달성하기 위해 함께 협동하는 것이 더 효과적이다. 물론 이는 협동 과제를 성공적으로 수행했을 때만 가능하다. 협동 과제에 실패하면 서로에게 책임을 떠넘기며 갈등의 골이 더 깊어질 수도 있다.

세상에 고정관념과 편견을 갖고 있지 않은 사람은 없다. 그런데 이 고정관념과 편견은 우리의 기대에 매우 강력하게 영향을 미친다. 가령 '고졸은 능력이 없어'라는 생각이 사회적으로 만연해 있다면, 고등학교만 졸업한 사람들은 일자리를 구하기 어려워진다. 그럼 결과적으로 고졸은 직장을 얻지 못하고, 이는 다시 '고졸은 능력이 없어'라는 생각을 강화시키게 된다. 이러한 악순환을 끊어내기 위해서라도 고정관념과 편견이 차별로 이어지지 않도록 노력해야 할 것이다.

심리학이 이토록 재미있을 줄이야

한 걸음 더

고정관념을 깨면 웃음이 터진다

고정관념과 편견을 해소하려면 일부러 비틀어보는 것도 한 방법이 될 수 있다.

가수 케이준의 트위터에 다음 글이 올라온 적이 있었다.

한 중학교의 교가 제작 의뢰가 들어왔다. 나름 쿨한 중학교란다. 랩으로 해달란다. 교가계의 혁신을 보여주겠어.

그중에 가장 좋은 건 좋은 재료와 맛깔나는 급식!

clap your hands everybody everybody clap.

이런 교가를 갖지 못한 다른 학교를 위해

모두 손뼉 쳐. 다 같이 손뼉 쳐.

이를 본 누리꾼들은 반신반의하면서도 재미있다고 웃었다. '교가가 랩이라면…' 이 생각이 왜 우리에게 웃음을 주는 것일까? 보통 교가는 '어느 어느 산의 정기를 이어받아'로 시작해서, 나라와 세계를 이끌어가는 큰 사람이 돼야만 할 것 같은 느낌을 준다. 그래서 듣다 보면 가슴이 웅장해진다. 그런데 그런 교가를 랩으로 부르다니, 한 번도 생각해보지 못한 접근이라 신선하게 다가온다. 이것으로 고정관념과 편견이 조금씩 깨지는 것이다.

지방의 한 공무원은 지역 축제 포스터를 그림판으로 그려 'B급 감성'이 묻어 나오게 만들었다. 이는 외주 제작을 통해 만들어진 천편일률적인 포스터 속에서 단연 돋보여 사람들로부터 큰 호응을 받았다. 사람들은 "이런 홍보물은 난생처음 봤다"라고 말했다. 이 역시 교과서적인 홍보물의 고정관념을 깨뜨린 경우다.

또 EBS의 대표 캐릭터인 펭수는 EBS 사장님의 이름을 여기저기서 함부로 외친다. 이를 보고 사람들은 너무 예의 없는 것 아니냐며 황당해하다가도 동시에 대리 만족을 느끼는 경우가 많았다. "사장이 편해야 회사가 잘 되는 겁니다!"라는 펭수의 말에 수긍하는 척하면서 말이다. 이로 인해 펭수 덕분에 어렵게만 느껴졌던 EBS 사장님이 친근하게 느껴진다는 반응도 많다.

고정관념을 비틀면 그동안 고정관념 때문에 보이지 않았던 세상이 보이게 된다. 고정관념이 없는 세상, 내가 봐야 하는 진짜 세상을 보고 싶다면 고정관념을 한번 비틀어보자. 이때 유머를 곁들인다면 그 효과는 배가 될 것이다.

심리학이 이토록 재미있을 줄이야

16

합리적인 사람도
가짜뉴스를 사랑한다

〈사또의 판결〉의 확증 편향

어느 날 한 부자가 돈 1,500냥을 도둑맞고 죽임을 당했습니다. 이에 고을 사또가 범인을 찾기 위해 나섰습니다. 한편 부자의 가족들은 부자의 장례를 준비하느라 여념이 없었습니다. 그런데 부자의 수양딸 아랑은 "아버지가 너를 남에게 팔아버렸다"는 이웃의 농담을 진담으로 알아듣고 집을 뛰쳐나온 상태였지요.

아랑은 정처 없이 길을 떠돌다가 남의 집 머슴살이를 하는 돌쇠를 만났습니다. 돌쇠는 그의 주인이 준 돈 1,500냥을 가지고 장터에 가던 길이었지요. 그때 마침 고을 사또가 길을 걸어가고 있었습니다. 사또는 머슴의 손에 있는 1,500냥과 양반 여식이 머슴과 함께 있는 모습을 보고 수상히 여겼습니다. 사또는 두 사람이 부자를 죽인 범인이라고 생각해, 두 사람을 잡아 가두고 심문했습니다. 사또는 두 사람에게 다음과 같이 말했습니다.

"꽃처럼 아름다운 여자를 보고 눈독 들이지 않을 사내가 어디 있겠는가? 또 여자 역시 늠름한 사내에게 어찌 기대지 않겠는가? 둘이 서로 눈이 맞았으니 함께 도망치려 한 것은 뻔한 일이로다. 한데 여자의 양아버지가 이를 반대하니 분명 사내가 부자를 죽이고 돈 1,500냥까지 도둑질한 것이 분명하렷다!"

이것으로 범죄의 증거가 명백히 밝혀졌다고 여긴 사또는 즉시 두 사람의 목을 베라고 판결을 내렸습니다.

그런데 이 소식을 들은 사또의 아내가 "머슴의 손에 돈 1,500냥이 있고, 부잣집 여식과 머슴이 함께 있었다고 하여, 두 사람을 범인으로 단정 지을 수는 없다"라고 주장했습니다. 그래서 사또에게 섣불리 판결을 내리지 말고 이 사건을 다시 조사할 것을 부탁했습니다.

그 후 부자를 죽인 진짜 범인이 나왔습니다. 그리하여 아랑과 돌쇠는 억울한 누명을 벗게 되었답니다.

심리학이 이토록 재미있을 줄이야

우리가 아랑과 돌쇠 같은 일을 겪게 되면 얼마나 기가 막힐까? 아무리 죄가 없다고 하소연해도 사또가 "그럼 범인이 내가 그랬소 하랴?" 하면서 범인으로 몰고 가니 말이다. 어쩌면 사또의 성급한 판단에 어이가 없을지도 모르지만, 우리도 그러한 판단을 충분히 할 수 있다. 왜냐하면 '확증 편향' 때문이다. 확증 편향이란 우리가 원래 가지고 있는 생각을 확인하려는 경향을 말한다. 쉽게 말해 '보고 싶은 것만 보고, 듣고 싶은 것만 듣는다'는 것이다.

이러한 확증 편향은 미네소타대학의 심리학과 교수 마크 스나이더와 텍사스대학의 심리학과 교수 윌리엄 스완의 실험에서도 볼 수 있다. 실험 내용은 다음과 같다.

연구자들은 여대생들을 두 집단으로 나누었다. 그리고 한 집단에게는 외향적인 사람을 만나게 될 것이라고 하고, 다른 집단에게는 내향적인 사람을 만나게 될 것이라고 알려 주었다. 그리고 연구자들은 모든 여대생들에게 여러 개의 질문을 보여 주면서 말했다.

"곧 만날 상대방에게 묻고 싶은 질문 한 가지를 고르세요."

이때 질문들은 한눈에 봐도 외향적 또는 내향적 성향이 드러나는 내용을 담고 있었다. 과연 여대생들은 어떤 질문을 골랐을까?

대부분의 여대생들은 자기가 가진 생각과 관련 있는 질문을 골랐다. 즉 외향적인 사람을 만나게 될 것으로 기대한 여대생들은 "파티의 분위기를 살리기 위해 어떤 행동을 하십니까?", "어떤 상황에서 가장 이야기를 많이 하십니까?"처럼 자신의 생각을 확인시켜주는 질문을 선택했다.

마찬가지로 내향적인 사람을 만날 것으로 기대한 여대생들도 "시끄러운 파티의 어떤 점들을 싫어하십니까?", "혼자 있으면 주로 무엇을 하며 시간을 보냅니까?"와 같은 질문을 선택했다.

만약 상대방이 위 질문에 답하면, 여대생들은 '역시 이 사람은 외향적이구나' 혹은 '역시 이 사람은 내향적이구나' 하고 더욱 확실하게 생각할 것이다. 왜냐하면 상대방이 외향적이든 내향적이든, 위 예시처럼 편향된 질문에 답하면 당연히 외향적으로 보이거나 내향적으로 보일 수밖에 없기 때문이다.

확증 편향을 잘 보여 주는 또 다른 실험이 있다. 바로 미국 프린스턴대학의 심리학자 달리와 그로스의 연구다.

연구자들은 먼저 실험 참가자들을 두 집단으로 나누었다. 그리고 한 아이가 시험을 보고 있는 장면이 녹화된 비디오를 모든 사람에게 보여주었다. 이때 한 집단에게는 비디오에 나오는 저 아이가 상류층 자녀라 하고, 다른 집단에게는 하류층 자녀라고 일러 주었다. 그러고 나서 모든 사람에게 이 아이의 시험 결과를 보여 주고 아이의 학업 능력을 평가하라고 했다. 그랬더니 상류층

심리학이 이토록 재미있을 줄이야

자녀라고 들은 집단은 아이의 학업 능력을 높게 평가한 반면, 하류층 자녀라고 들은 집단은 아이의 학업 능력을 낮게 평가했다. 분명 같은 비디오를 보여 주고 똑같은 시험 점수를 제시했는데도 말이다.

이처럼 우리는 어떤 상황에 놓이거나 모르는 사람을 만날 때, 내가 가진 생각에 맞추어 정보를 선택적으로 받아들인다. 즉 나의 판단에 대해 일종의 집착을 하는 것이다.

대표적인 사례가 바로 혈액형이다. 많은 사람들은 혈액형에 따라 성격이 결정된다고 믿는다. 그래서 어떤 사람이 A형이라고 하면, 사람들은 A형의 성격이라고 알려진 '소심함'에 맞춰서 그 사람을 바라본다. 그리고 정말 그러한 특성이 그 사람에게서 발견되면 '누가 A형 아니랄까 봐 소심하기는'이라고 생각한다.

또 다른 예로 주식이 있다. 보통 주식을 하면 자신이 투자한 종목의 나쁜 뉴스보다 좋은 뉴스에 더 집중하게 된다. "기대치보다 실적이 낮았다", "수출 계약이 변수가 많다"와 같은 안 좋은 뉴스보다 "상반기보단 하반기에 더 성장할 것이다", "계약만 성사되면 수출량이 폭증할 것이다"와 같은 좋은 뉴스를 더 믿는다.

다시 동화로 돌아가 보자. 어떤 부자가 1,500냥을 도둑맞고 죽임을 당했다. 이 사건을 수사하던 사또는 마침 그의 수양딸이 1,500냥을 든 외간 남자와 함께 있는 모습을 목격한다. 그래서 사또는 '뻔하지 뭐!' 하면서 두 사람을 추궁한다. 왠지 모르게 돌쇠의 눈빛은 사악한 것 같고, 아랑도 뭔가 숨기고 있는 것 같다고 느끼면서 말이다.

그렇다면 도대체 확증 편향은 왜 일어날까? 미국 코넬대학의 사회심리학자 토머스 길로비치는 "자신의 생각을 뒷받침하는 정보에 지나치게 의존하는 것은, 자신에게 불리한 정보를 무시해버리는 쪽이 편안하기 때문이다"라고 말했다.

어떤 상황이나 사람을 판단하려면 먼저 그를 둘러싼 주변 정보를 살펴봐야 한다. 우리는 이 정보를 최대한 중립적이고 객관적으로 해석한다고 생각하겠지만, 실은 그렇지 않다. 우리의 뇌는 정보를 최대한 단순화해서 내가 가진 기준에 맞춰 선택적으로 받아들이기 때문이다. 확증 편향은 이러한 과정에서 일어난다.

한편 확증 편향의 단점은 명확하다. 동화 속 사또처럼 자신의 생각만이 진실이라 여기고 확실하지 않은 정보를 왜곡해서 받아들이는 것이다. 이는 앞에서 언급한 심리학자 달리와 그로스의 실험에서도 나타난다. 해당 실험 참가자들은 상류층 자녀는 공부를 잘하고, 하류층 자녀는 공부를 못한다고 생각했다. 그래서 아이가 질문에 답을 못하면, 아이를 상류층 자녀라고 생각한 사람들은 '질문이 너무 어려웠다'고 생각하지만, 아이를 하류층 자녀라고 생각한 사람들은 '공부를 안 했네'라고 생각하는 것이다.

심리학이 이토록 재미있을 줄이야

그러므로 우리는 판단할 때 좀 더 신중해야 할 필요가 있다. 아랑과 돌쇠를 범인으로 몰았던 사또를 마냥 비웃을 수만은 없는 것이다. 누구라도 인간인 이상 그럴 수 있기 때문이다. 이는 앞에서 보았듯이 정보를 단순화해서 받아들이려는 뇌의 눈물겨운 노력 탓이다.

확증 편향은 특정 성향의 사람에게만 일어나는 일이 아니다. 다시 말해, 확증 편향은 감정적이고 비논리적인 사람에게만 일어나는 것이 아니라는 말이다. 심지어 냉철함의 대명사인 과학자들조차도 실험할 때, 자신이 세운 가설이 맞도록 실험 결과를 왜곡할 수 있다. 가령 자신의 가설에 맞는 실험 결과가 나오면 '역시 내 생각이 맞았어!' 하면서 실험 과정에서 있을 수 있는 오류를 덜 확인하는 것이다. 반대로 가설과 대치되는 실험 결과가 나오면 가설 자체를 다시 생각하기보다 '실험 과정에서 뭔가 잘못되었을 거야'라고 여긴다. 이것은 인간인 이상 어쩔 수 없다.

이를 방지하기 위해 과학자들은 과학철학자 칼 포퍼가 정립한 '반증 가능성'을 사용한다. 반증 가능성이란 쉽게 말해 '모든 과학 명제는 반증될 수 있어야 한다'는 것이다.

예를 들어 '모든 백조는 하얗다'는 가설을 생각해 보자. 이 말은 절대적 진리처럼 느껴진다. 왜냐하면 이곳의 백조도 하얗고, 저곳의 백조도 하얗기 때문이다. 그런데 어디선가 까만 백조가 나타나면 이 가설은 깨진다. 그래서 '대부분의 백조는 하얗지만, 하얗지 않은 백조도 있다'가 더 정확한 말이 된다. 이러한 과정을 통해 과학은 점점 구체적이고 정확한 진리에 다가갈 수 있는 것이다. 반증을 통해 기존의 가설에 있을 수도 있는 오류를 잡아내기 때문이다.

확증 편향은 말 그대로 '편향'이다. 한쪽으로 치우쳐서 사물을 보는 것이다. 이는 외발자전거처럼 불완전하다. 이렇게 편향적으로 세상을 바라보지 않으려면 과학자들의 모습을 본받을 필요가 있다. 과학자들은 자신의 이론을 입증하기 위해 연구하는 것이 아니라 자신의 이론을 깨기 위해 연구한다. 인간인 이상 편견 없는 관찰은 불가능하기 때문이다.

심리학이 이토록 재미있을 줄이야

한 걸음 더

확증 편향에서 벗어나려면 나와 다른 의견에 귀 기울여라

칼 포퍼는 "기존 가설에 명백한 반증이 제시되었는데도 이를 인정하지 않는 꽉 막힌 태도는, 비과학적인 주장을 하는 것보다 훨씬 더 위험하다"고 말했다. 비판과 토론이 활발하게 전개되는 '열린 사회'가 살기 좋은 사회라는 것이다.

최근 한 연예인이 정자를 기증받아 자발적 비혼모가 되었다. 이를 두고 대다수는 멋진 선택이라며 해당 연예인을 지지했지만, 일각에서는 '아빠 없이 아이가 행복하게 자랄 수 없다'는 반응을 보였다. 하지만 한 부모 가정에서 자란 아이가 모두 불행하다는 통계는 없다.

이처럼 다양성을 인정하지 않고 어떤 현상에 대해 '이건 무조건 진실, 이건 무조건 거짓'이라고 못 박는 것은 칼 포퍼가 말한 대로 '열린 사회를 가로막는 적'이다. 그러니 확증 편향에서 벗어나고 싶다면 나와 다른 의견을 존중하는 자세부터 가져야 할 것이다.

17

급한 성격은
심장 질환을 유발한다

〈바람과 태양〉의 A형 행동 유형

어느 날 바람이 태양에게 시비를 걸었습니다. 바람은 태양의 힘보다 자신의 힘이 더 세다고 우겼지요. 게다가 바람은 자신이 힘을 모아 입김을 불면 온 세상이 자기를 무서워할 거라며 으스댔습니다. 하지만 태양은 바람의 말을 듣고도 가만히 웃기만 했습니다.

성급한 바람은 태양에게 누가 더 힘이 센지 내기하자고 말했습니다. 그때 마침 한 나그네가 길을 걸어가고 있었습니다. 바람은 나그네의 외

심리학이 이토록 재미있을 줄이야

투를 먼저 벗기는 쪽이 내기에서 이긴 거로 하자고 했습니다. 태양도 좋다고 말했습니다.

내기가 시작되었습니다. 바람은 있는 힘을 다해 나그네에게 입김을 불었습니다. 그러자 거센 바람이 일었습니다. 나그네는 외투가 바람에 날아가지 않도록 옷을 단단히 여몄습니다.

반면 태양은 나그네에게 뜨거운 햇볕을 내리쬐었습니다. 그러자 나그네는 바람에 여몄던 외투 단추를 풀었습니다. 그걸 본 태양은 더 뜨거운 햇볕을 비췄습니다. 그러자 결국 나그네는 입고 있던 외투를 벗었습니다. 그리하여 내기의 승자는 태양이 되었답니다.

사실 바람이 하는 일과 태양이 하는 일은 엄연히 다르다. 그런데도 바람은 태양을 경쟁 상대로 여긴다. 그래서 자신의 힘이 태양의 힘보다 더 세다는 것을 증명하기 위해 성급한 내기를 제안한다.

하지만 바람이 조금만 깊이 생각했다면, 절대 나그네의 옷 '벗기기'로 내기를 하지 않았을 것이다. 바람이 내기에서 질 것이 불 보듯 뻔하기 때문이다. 만약 바람과 태양이 나그네의 옷 '입히기'로 내기를 했다면 결과는 어떻게 되었을까? 아마 이 동화의 결말은 뒤집혔을 것이다.

이처럼 바람이 태양에게 쓸데없는 경쟁심을 느낀다는 점, 자신의 능력을 증명해 보이고 싶어 한다는 점, 그리고 중요한 일을 성급하게 결정한다는 점으로 보아 바람은 'A형 행동유형'에 속한다고 볼 수 있다. 여기서 A형 행동유형의 A는 혈액형 A와는 다른 의미다.

A형 행동유형을 발견한 미국 심장 전문의 프리드먼과 로젠만은, 어느 날 우연히 심장 병원 대기실에 있는 소파 커버가 앞쪽 가장자리만 닳아 있는 모습을 보게 되었다. 그냥 지나칠 수도 있는 이 사소한 부분에 두 사람은 의문을 가졌다.

'다른 병원은 그렇지 않던데… 왜 유독 심장 병원 대기실에 있는 소파 커버만 가장자리가 너덜너덜할까?'

이 질문에 대한 답을 찾기 위해 연구자들은 심장 병원 대기실을 관찰했다. 그 결과 환자들이 소파에 가만히 앉아 있지 못하고, 안절부절못하며 손으로 소파 커버를 만지작거리는 모습을 발견했다.

이것으로 연구자들은 환자들의 그러한 성격이 관상동맥질환과 관련 있음을 밝혀냈다. 즉 심장질환은 흡연, 운동 부족, 고혈압, 높은 수치의 콜레스테롤 등과 같은 이유뿐만 아니라 초조함, 불안함과 같은 성격 때문에도 발병할 수 있다는 것이다.

A형 행동유형에 속하는 사람들은 삶에 불만이 많고, 사소한 일

심리학이 이토록 재미있을 줄이야

에도 지극히 경쟁적이다. 그래서 쉽게 스트레스를 받는다. 그 결과 예민해진 자율신경계가 심박 수 증가와 혈관수축을 초래해 심장질환 발병을 일으키는 것이다.

A형 행동유형은 다음과 같은 행동 특성을 보인다.

1. 의사 결정 과정이 매우 빠르다
2. 계획이 어긋나는 것을 못 견딘다
3. 타인에게 과도한 경쟁심을 느낀다
4. 게임을 하면 반드시 내가 이겨야 한다
5. 모든 일은 내가 통제해야 직성이 풀린다
6. 잠시라도 시간이 낭비되는 것을 못 본다
7. 한순간도 가만히 있지 못하고 늘 초조하다
8. 사소한 일에도 쉽게 화를 내고 적개심이 솟는다
9. 한 번에 두 가지, 세 가지 일을 동시에 처리한다
10. 타인에 대한 배려보다 일의 진행을 더 우선시한다

그럼 A형 행동유형은 왜 생기는 걸까? 그에 대해선 크게 두 가지 이유가 있다. 첫 번째 이유는 현대사회의 분위기 때문이다. 우리는 빨리빨리 움직여야 성공하고, 높은 성과를 낸 사람만 유능한 사람으로 인정받는 사회에서 살고 있다. 이러한 사회 분위기

가 A형 행동유형을 유발하는 것이다.

두 번째 이유는 가정환경 때문이다. 부모가 자녀에게 경쟁에서 승리하고 높은 성적을 요구할수록 A형 행동유형은 증가한다.

그럼 A형 행동유형은 어떻게 줄일 수 있을까? 그에 대한 방법은 두 가지가 있다.

첫 번째 방법은 비꼬는 버릇을 줄이는 것이다. 어떤 연구자들은 A형 행동유형의 특성 중에서 '적개심'이 가장 위험하다고 보았다. 왜냐하면 적개심은 '코르티솔'이라는 스트레스 호르몬을 과다 분비해 건강에 악영향을 미치기 때문이다. 그래서 연구자들은 적개심을 완화하기 위해, 문제에 닥쳤을 때 비꼬는 버릇을 줄이는 훈련 프로그램을 만들었다. 그리고 8주 동안 훈련 참가자들에게 프로그램을 진행했다. 그랬더니 훈련에 참여한 사람들은 훈련에 참여하지 않은 사람들보다 적개심 점수와 평균 혈압이 훨씬 낮아진 것을 발견했다.

두 번째 방법은 'B형 행동유형'을 갖도록 노력하는 것이다. B형 행동유형이란 A형 행동유형과 반대되는 특성을 가진 유형을 말한다. B형 행동유형에 속하는 사람들은 항상 여유롭고 초조해하지 않으며 화도 덜 낸다.

구체적인 B형 행동유형의 특징은 다음과 같다.

1. 태평하다

2. 비경쟁적이다

3. 말을 신중하게 한다

4. 남의 이야기를 잘 경청한다

5. 평소 마음이 느긋하고 야심이 없다

6. 시간 압박 때문에 급하게 서두르지 않는다

7. 자신이 만족할 수 있느냐에 더 관심을 둔다

8. 마음 편하게 일할 수도 있고 여유롭게 쉴 수도 있다

9. 자신이 성취한 것에 대해 굳이 다른 사람에게 자랑하지 않는다.

B형 행동유형의 사람들은 수동적이고 주변 환경에 잘 순응한다. 목표를 이루지 못해도 그 과정에서 '그래도 얻은 게 있다'며 매사에 긍정적으로 생각한다. 그래서 경쟁보다는 협력을 중요시한다.

물론 모든 사람을 A형 행동유형과 B형 행동유형으로 나눌 수는 없다. 또 우리가 살아갈 때 오직 하나의 유형만을 취하지도 않는다. 상황에 따라 A형 행동유형처럼 행동하기도 하고, B형 행동유형처럼 행동하기도 한다. 그러나 〈바람과 태양〉 동화에 나오는 바람처럼 불필요한 곳에서까지 경쟁심을 느끼는 행동은 지양해야 할 것이다. 자신의 건강과도 관련된 문제이기 때문이다.

한 걸음 더

화를 가라앉히는 데는 '불멍'만큼 좋은 게 없다

A형 행동유형의 사람들은 항상 긴장 상태에 있으므로 이를 완화해 주는 활동이 꼭 필요하다.

이를 실천할 수 있는 방법에는 세 가지가 있다. 첫 번째 방법은 불이나 물을 보면서 멍을 때리는 것이다. 요즘 말로 하면 '불멍'이나 '물멍'이다. 따뜻한 분위기를 낼 수 있는 촛불이나 조명을 켜놓고 잔잔한 음악과 함께 멍을 때려보자. 아니면 조그만 어항 속 물고기들을 보면서 멍을 때려도 좋다.

두 번째 방법은 요가를 배우는 것이다. 요가는 명상과 함께 전신의 긴장을 풀어 주는 최고의 신체 활동이다.

세 번째 방법은 꽃꽂이를 하는 것이다. 꽃꽂이는 직접 꽃을 만지고 꽃의 향기를 맡음으로써 긴장으로 굳어 있는 감각을 살려 준다. 또 빠른 시간 안에 결과물을 볼 수 있어서 만족감도 느낄 수 있다.

그 밖에는 슬라임 장난감처럼 말랑말랑한 물건 만지기나 그림 그리기, 낚시하기, 산책하기, 반려동물과 시간 보내기 등이 있다.

심리학이 이토록 재미있을 줄이야

타인에게 적개심을 느끼는 가장 큰 이유는 '저 사람이 나를 무시했다'는 생각 때문이다. 즉 타인으로부터 존중받지 못하고 무시당하는 기분이 들 때, 상대에게 적개심을 느끼게 된다.

만약 상대방이 정말 나를 무시했다면, 내 마음이 상처받지 않도록 나를 지켜야 할 것이다. 하지만 여기서 '나 자신을 지킨다'라는 말은 '상대방에게 화풀이한다'를 의미하는 게 아니다. 이는 '상대방에게 휘둘리지 않는다'는 것을 의미한다. 다시 말해, 상대방의 기분과 태도에 따라 나의 행동이 좌지우지되지 않도록 나를 지키는 것이다. 이 부분을 명확히 인지하고 동화 〈바람과 태양〉 속의 바람처럼 무모한 행동을 하지 않도록 주의해야 한다.

관계에 능숙한 사람들은 화를 잘 조절한다. 화가 난다고 해서 상대방에게 나의 화를 무작정 표출하면, 소중한 관계를 잃어버릴 수 있기 때문이다. 그러니 평소 이런 이완 활동을 통해서 긴장을 풀고 여유를 가질 수 있도록 해야 할 것이다. 그러면 소중한 사람들과 더 오래 지낼 수 있다.

18

3등이 2등보다
더 행복한 이유

〈우산장수와 짚신장수〉의 틀 효과

옛날에 두 아들을 키우는 어머니가 있었습니다. 이 어머니에게는 짚신 장사를 하는 큰아들과 우산 장사를 하는 작은아들이 있었지요. 그런데 어머니의 근심은 날이면 날마다 끊이질 않았습니다. 비가 오는 날이면 "우리 큰아들, 비가 와서 짚신이 잘 안 팔리면 어쩌나?" 걱정이 됐고, 화창한 날이면 "날씨가 왜 이리 맑담? 우리 작은아들이 우산을 못 팔고 있겠구나. 이를 어쩌면 좋을꼬."라며 걱정이 됐기 때문이죠.

심리학이 이토록 재미있을 줄이야

그렇게 매일 걱정을 달고 산 어머니는 그만 병이 나서 자리에 눕고 말았답니다. 두 아들은 어머니를 즉시 의원에게 모시고 갔습니다. 의원은 한참 동안 어머니를 진찰하더니 고개를 저으며 말했어요.

"이 환자분은 마음속에 근심이 많아서 병이 난 것입니다. 근심을 없애지 않는다면 침을 놓거나 약을 먹어도 병이 낫지 않을 겁니다."

이 말을 들은 어머니는 한숨을 쉬면서 물었지요.

"의원님, 비 오는 날은 짚신을 파는 큰아들이 장사가 잘 안 되고, 맑은 날은 우산을 파는 작은아들이 장사가 잘 안 되는데, 어찌 걱정을 안 할 수 있겠습니까?"

그러자 의원이 크게 웃으며 말했습니다.

"그렇게 나쁘게만 생각하니 근심이 생길 수밖에 없지요. 자, 이렇게 생각하면 어떻습니까? 비가 오면 작은아들의 우산 장사가 잘될 테니 좋은 일이고, 날이 맑으면 큰아들의 짚신 장사가 잘될 테니 좋은 일 아닙니까?"

그 말을 듣고 이제 어머니는 비가 오면 "비야 더 퍼부어라! 더 세차게 퍼부어서 우리 작은아들 우산 장사 잘되게 해다오!"라며 좋아했고, 반대로 해가 뜨면 "해야 더 쨍쨍하게 비추어라! 그래서 우리 큰아들 짚신 장사가 잘되게 해다오!"라며 싱글벙글대었습니다. 그렇게 어머니의 병은 금방 나아졌답니다.

사실 현실은 바뀐 게 하나도 없다. 여전히 어머니의 큰아들은 짚신 장사를 하고 작은아들은 우산 장사를 한다. 그래서 비가 오거나 날이 맑으면 두 아들 중 한 명은 돈을 벌지만 다른 한 명은 돈을 못 번다. 바뀐 건 어머니의 '현실을 보는 관점'뿐이다.

우리는 저마다 세상을 바라보는 관점을 가지고 있다. 이 관점을 심리학에서는 '마음의 틀 Frame'이라고 한다. 여기서 주목해야 할 것은 내가 어떤 마음의 틀을 가지고 있느냐에 따라서 마음의 상태와 결심이 달라진다는 점이다.

분명 어머니는 의원을 만나기 전까지 걱정이 많았다. 하지만 의원의 말을 듣고 세상을 바라보는 관점을 바꿨더니 행복해졌다. 이러한 현상을 심리학 용어로 '틀 효과'라고 한다. 즉 똑같은 상황임에도 불구하고 어디에 초점을 맞추느냐에 따라서 나의 행동이나 기분이 달라진다는 것이다.

이와 관련한 유명한 실험으로 노벨 경제학상을 수상한 대니얼 카너먼과 아모스 트버스키가 했던 실험이 있다. 직접 실험에 참가했다고 생각하고 다음 실험을 살펴보자.

당신은 한 나라의 대통령이다. 그런데 지금 국내에 희귀한 전염병이 돌고 있다. 이 병을 그대로 두면 600명의 국민이 목숨을 잃게 된다. 이에 당국은 각계의 전문가들을 모아 비상대책위원회를

심리학이 이토록 재미있을 줄이야

열었다. 그래서 치료제 A와 치료제 B 이렇게 두 가지 해결책을 마련했다. 하지만 둘 중 하나만 사용할 수 있다. 당신은 어떤 치료제를 선택할 것인가? 다음은 각 치료제를 선택했을 때 기대할 수 있는 효과다.

A 치료제 : 600명 중 200명을 살릴 수 있다

B 치료제 : 600명 모두가 살 확률은 3분의 1이고 아무도 살지 못할 확률은 3분의 2다

아마 당신은 치료제 A를 선택했을 것이다. 왜냐하면 치료제 A는 치료제 B와 다르게 600명 중 200명을 확실히 살릴 수 있기 때문이다. 반면 치료제 B는 '확률'이라는 단어 때문에 타인의 생명을 가지고 도박하는 것처럼 느껴졌을 것이다. 실제로 이 실험에 참여한 72%의 사람들도 치료제 A를 선택했다.

그렇다면 이번에는 치료제 C와 치료제 D가 있다고 하자. 역시 둘 중 하나만 사용할 수 있다. 당신은 무엇을 선택할 것인가?

C 치료제 : 600명 중 400명은 죽을 것이다.

D 치료제 : 600명 모두가 죽을 확률은 3분의 2이고 아무도 죽지 않을 확률은 3분의 1이다

혹시 눈치채었는가? 치료제 A와 치료제 C 그리고 치료제 B와 치료제 D는 서로 같은 내용이다. 즉 A나 C 둘 중 무엇을 선택하든 600명에서 200명은 살지만 나머지 400명은 죽는다. 마찬가지로 B나 D 둘 중 무엇을 선택하든 모두가 살 확률은 3분의 1이고 모두가 죽을 확률은 3분의 2다. 그러므로 치료제 A를 선택했다면 같은 내용인 치료제 C를 선택해야 하고, 치료제 B를 선택했다면 치료제 D를 선택해야 한다. 그런데 실험 참가자 중 78%가 치료제 C와 D 중에서 D를 선택했다. 앞에서 72%의 실험 참가자들이 A를 선택했다면 당연히 C를 선택했어야 하는데 말이다.

'살릴 수 있다'와 '죽을 것이다'라는 관점 중에서 무엇을 제시했느냐에 따라 사람들의 반응이 달라진 것이다. 이처럼 같은 내용이라도 어느 관점에 초점을 맞추어서 보느냐에 따라 나의 선택이 달라지는 현상을 '틀 효과'라고 한다.

여기 틀 효과를 잘 보여주는 유머가 하나 있다.

유대인 학생들은 학교에서 《탈무드》를 공부하다가 의문이 하나 생겼다. 바로 《탈무드》를 공부하면서 담배를 피워도 되는지, 안 되는지였다. 그래서 첫 번째 학생이 랍비에게 가서 물어보았다.

"선생님, 《탈무드》를 공부할 때 담배를 피워도 되나요?"

"안 돼!"

랍비는 단호하게 말하며 이맛살을 찌푸렸다. 이 이야기를 전해 들은 두 번째 학생은 첫 번째 학생에게 다음과 같이 말했다.

"너는 묻는 방법이 틀렸어. 이번에는 내가 가서 물어볼게."

두 번째 학생은 곧장 랍비에게 달려갔다.

"선생님, 담배를 피우는 동안에도 《탈무드》는 읽어야겠지요?"

"그럼! 읽어야 하고말고."

사실 '탈무드를 공부할 때 담배를 피우는 것'이나 '담배를 피우는 동안 탈무드를 읽는 것'은 같은 행동이다. 하지만 어디에 초점을 맞추어 보느냐에 따라 랍비처럼 판단이 달라질 수 있다.

그렇다면 틀 효과를 통해 우리가 얻을 수 있는 교훈은 무엇일까? 바로 '상황은 바꿀 수 없어도 상황에 대한 나의 태도는 바꿀수 있다'는 것이다.

해가 떠도 걱정, 비가 와도 걱정인 전래동화 속 어머니처럼 우리는 매사에 걱정과 근심으로 둘러싸여 산다. 하지만 이제 틀 효과가 무엇인지 알게 되었으니, 이 틀 효과를 우리 삶에 적용해보는 것은 어떨까? 그럼 전보다 더 행복하게 살 수 있을지도 모른다. 일상생활에 틀 효과를 적용한다면 아래와 같은 사례를 들 수있다.

이른 새벽부터 길거리 쓰레기를 치우는 환경미화원 아저씨가 있었다. 악취가 나는 쓰레기를 치우는 일은 누가 봐도 쉽지 않은 일이었다. 그렇다고 이 일이 보수가 높거나 사회적으로 존경받는 것도 아니었다. 그런데도 아저씨의 표정은 항상 밝았다. 어느 날 이 점을 궁금하게 여긴 한 젊은이가 아저씨에게 물었다.

"일이 힘들 텐데 어떻게 항상 행복한 표정을 지으세요?"

환경미화원 아저씨는 웃으면서 이렇게 답했다.

"나는 지금 지구의 한 모퉁이를 청소하고 있다네."

이것이 바로 행복한 사람이 지닌 마음의 틀이다.

올림픽 경기에서도 틀 효과를 발견할 수 있다. 바로 동메달을 딴 선수는 은메달을 딴 선수보다 더 행복하다는 것이다. 은메달이 동메달보다 더 높은 순위인데도 말이다. 조사 결과에 따르면 동메달리스트의 행복지수는 10점 만점에 7.1점이었지만 은메달리스트의 행복지수는 4.8점 정도에 그쳤다.

그 이유는 대부분의 은메달리스트가 '금메달'에 초점을 맞춰서 '아, 금메달 딸 수 있었는데', '거의 1등을 할 뻔했는데' 하고 아쉬워했기 때문이다. 반면 대부분의 동메달리스트는 '메달'에 초점을 맞춰서 '휴, 다행이다. 동메달이라도 딸 수 있어서' 하며 만족해했다.

심리학이 이토록 재미있을 줄이야

한 걸음 더

누군가를 설득해야 한다면 '틀 효과'를 사용해보자

틀 효과는 광고에서도 자주 사용된다. 가령 광고할 때 '지방 10% 함유' 대신 '살코기 90%'라고 홍보하는 경우를 들 수 있다. 마찬가지로 '실패율 1%'보다는 '성공률 99%'가 더 좋다.

스웨덴의 한 비누 회사는 자사 제품을 광고할 때 '팩처럼 쓸 수 있는 비누'로 홍보했다가 혹평을 받았다. "비누를 어떻게 팩처럼 쓰라는 거지?"라는 반응이 대부분이었기 때문이다. 그래서 이번에는 '비누처럼 쓸 수 있는 팩'으로 바꿔서 홍보했다. 그랬더니 대박이 났다. 사람들의 반응도 "매일 아침 간편하게 팩으로 세수할 수 있어서 좋다"로 바뀌었다.

또 미국 렌터카 시장에서 만년 2위였던 한 기업은, 다음처럼 틀 효과를 이용해 자사 제품을 홍보했다. "우리는 2등입니다. 우리가 할 수 있는 것은 노력밖에 없습니다." 그랬더니 사람들은 이 기업을 '1등보다 못한 기업'이 아니라 '업계 1위가 되기 위해 열심히 노력하는 기업'으로 생각하게 되었다. 그 결과 이 회사는 업계 1위 기업을 위협할 만큼 크게 성장할 수 있었다.

두 사례 모두 똑같은 제품을 두고 기업이 어떻게 전달하느냐에 따라서 사람들의 반응이 달라진 모습을 보여준다.

이처럼 틀 효과는 상대방의 의사 결정에 아주 큰 영향을 끼친다. 살면서 다른 사람을 설득해야 할 일이 생기면 틀 효과를 활용해 보자. 이때 성공하려면 그 사람이 잘 받아들일 수 있는 관점을 선택해야 할 것이다.

심리학이 이토록 재미있을 줄이야

19

왕따를 당하는 것보다는
틀린 것이 낫다

〈벌거벗은 임금님〉의 동조 효과

아주 옛날에 옷을 좋아하는 임금님이 살고 있었습니다. 임금님은 옷이라면 돈을 아끼지 않았지요. 그러던 어느 날 사기꾼 두 명이 임금님이 사는 궁궐에 찾아왔습니다. 그들은 사람들에게 이렇게 말했습니다.

"우리는 옷감을 짜는 기술자입니다. 세상에서 가장 아름다운 옷감을 짤 수 있죠."

"맞습니다. 우리가 짜는 옷감은 색깔과 무늬만 아름다운 게 아니라 어리석거나 능력이 없는 사람에게는 보이지 않는 신비한 옷감이지요."

이 소식을 들은 임금님은 두 사람에게 즉시 일을 시작하라고 거금을 주었어요. 두 사기꾼은 베틀을 설치하고 옷감을 짜기 시작했답니다. 그러나 베틀 위에는 아무것도 놓여 있지 않았지요. 사실 임금님이 주신 비싼 금실은 두 사기꾼의 배낭에 숨겨져 있었어요. 두 사람은 빈 베틀 앞에 앉아 밤늦도록 옷감을 짜는 척했습니다.

그렇게 며칠이 지났습니다. 사람들은 모두 두 사람이 짠 옷감에 대해서 이야기했어요. 임금님은 이제 옷감을 직접 봐야겠다고 결심했답니다. 그래서 대신들을 데리고 옷감 짜는 방으로 갔습니다. 그런데 두 사기꾼들은 실 한 올 없는 베틀 앞에 앉아서 열심히 옷감을 짜고 있었어요.

"정말 근사하지 않습니까?"

임금님 옆에 있던 늙은 장관이 물었습니다.

"폐하 보십시오. 이 근사한 색깔과 무늬를 말입니다!"

대신이 베틀을 가리키며 임금님께 말했어요.

장관과 대신은 다른 사람들에게는 그 옷감이 보인다고 믿었기 때문이에요. 임금님은 자신에게 옷감이 보이지 않자 눈앞이 깜깜해졌어요. 하지만 임금님은 이렇게 큰 소리로 말했습니다.

"오, 참으로 아름답구나. 내 맘에 꼭 들도다!"

임금님은 만족한 듯 고개를 끄덕이며 계속 텅 빈 베틀을 살펴보았습니다. 임금님을 따라온 대신들도 베틀을 보고 또 보았지만, 임금님과 마찬

심리학이 이토록 재미있을 줄이야

가지로 아무것도 보이지 않았어요. 그래도 대신들은 임금님처럼 옷감이 보이는 척했지요.

"참으로 근사하군요!"

"훌륭합니다! 아름다워요! 기막히게 좋습니다!"

대신들의 눈에는 아무것도 보이지 않았지만 하나같이 입을 모아 이렇게 말했어요. 그리고 임금님께 다음 행진 때 그 옷감으로 새 옷을 만들어 입고 나가라고 권했지요.

며칠 후 드디어 임금님의 행진이 시작되었습니다. 임금님을 보려고 길가에 나온 사람들이나 창문으로 내다보는 사람들은 임금님의 옷이 아름답다고 입에 침이 마르도록 칭찬했어요.

"어머나 저 옷 좀 봐. 정말 근사해! 저 옷자락은 어떻고! 임금님한테 참 잘 어울리는 옷이네."

어느 누구도 자기 눈에 아무것도 보이지 않는다고 말하려 하지 않았습니다. 그런 말을 했다가는 바보 취급을 당하거나 능력이 없는 사람이라는 말을 들을 게 뻔하기 때문이지요. 이제까지 임금님이 입었던 옷 중에서 이처럼 찬사를 받은 옷은 없었답니다.

그런데 한 꼬마가 이렇게 외쳤어요.

"하지만 임금님은 아무것도 입지 않았는걸!"

그러자 사람들이 꼬마의 말을 되풀이하며 수군댔어요.

"저기 저 아이가 그러는데, 임금님이 아무것도 안 입었대."

"임금님이 벌거벗었다!"

마침내 사람들이 일제히 소리쳤습니다. 그 말을 들은 임금님은 온몸이 후들후들 떨렸어요. 사람들의 말이 옳은 것 같았기 때문이죠.

'그렇다고 행차를 그만둘 수는 없어.'

임금님은 이렇게 생각하며 더 당당하게 걸었습니다. 임금님 뒤에 있던 두 시종은 있지도 않은 임금님의 기다란 옷자락을 높이 쳐들었어요. 그리고 의젓하게 임금님 뒤를 따라갔답니다.

〈벌거벗은 임금님〉 동화에서 모두 임금님의 벌거벗은 모습을 보고 멋진 옷을 입었다며 칭찬한다. 사실 각자의 속마음은 '그게 아닌데'였지만, 다른 사람의 말을 따라 "임금님 옷은 멋지다"라고 한 것이다. 이렇게 친구 따라 강남 가듯이 다른 사람의 말이나 행동을 따라 하는 것을 심리학에선 '동조 효과'라고 한다.

동조 효과란 내가 옳지 않다고 생각하는 문제에 대해서도 다른 사람이 "옳다"라고 말하면 나도 "옳다"라고 동조하게 되는 것을 뜻한다. 이를 프린스턴대학의 사회심리학자인 솔로몬 애쉬가 실험을 통해 증명해 내었다.

애쉬는 먼저 7명의 실험 참가자들을 긴 책상에 나란히 앉혔다. 그리고 모두에게 다음의 그림을 보여주었다.

이후 참가자들에게 "왼쪽 선분은 오른쪽의 A, B, C 선분 중에서 어느 것과 같나요?"라고 물었다. 답은 명백했다. 바로 C 선분이다. 이 글을 읽는 독자도 분명 C라고 생각했을 것이다. 그래서 여러분이 이 실험에 참여하면 자신 있게 C라고 답했으리라 생각한다.

실험 참가자들은 의자에 나란히 앉아서 차례대로 대답을 했는데, 이 글을 읽는 당신은 맨 마지막 순서라고 상상해보자. 그런데 첫 번째 순서인 사람이 너무나도 당당하게 "A와 같습니다!"라고 말하는 것이 아닌가. 당신은 아마 '저 사람 눈이 안 좋은가 봐'라고 생각할 것이다. 혹은 '이렇게 쉬운 문제를 틀리다니, 나중에 얼마나 부끄러워할까'라며 안타까워할 수도 있다.

이제 두 번째 순서인 사람이 답할 차례다. "정답은 A입니다." 당신은 순간 귀를 의심할 것이다. 그런데 세 번째 사람 역시 "A입니다!"라고 외친다. 이어서 네 번째 사람도, 다섯 번째 사람도 심지어 당신의 앞 순서인 여섯 번째 사람도 A라고 말한다. 이윽고 당신의 차례가 되었다. 당신은 과연 "A가 아니고 C입니다"라고 말할 수 있을까?

사실 이 실험에는 속임수가 있었다. 7명의 참가자 중 진짜 실험 참가자는 단 한 명이고, 나머지 6명은 연구자가 섭외한 실험 협조자였다. 실험이 시작되기 전에 실험 협조자들은 연구자들로부터 틀린 대답을 말해달라는 부탁을 받은 상태였다. 그리고 항상 진짜 실험 참가자가 마지막에 대답하도록 순서를 조정했다.

실험에서 제시된 문제는 너무 쉽고 답이 명백해서 연구자들은 실험 결과에 큰 기대를 하지 않았다. 하지만 결과는 놀라웠다. 실험에 참여한 사람들 중에서 무려 37%의 사람들이 틀린 대답에 동조했다. 심지어 이 실험을 여러 차례 시행해보니 '75~80% 정도의 사람들이 적어도 한 번은 틀린 대답에 동조한다'는 연구 결과가 나왔다.

즉 실험 참가자들은 그 대답이 틀린 줄 알면서도 동조한 것이다. 그렇다면 이러한 동조 현상은 도대체 왜 일어나는 것일까?

그 이유는 크게 두 가지로 설명될 수 있다. 첫째는 틀리고 싶지 않은 인간의 욕구 때문이다. 즉 내가 잘 모르는 일이 생길 때, 다른 사람을 따라 하면 적어도 손해는 보지 않으리라고 생각하는 것이다. 예를 들면 지하철을 처음 타는 사람이 교통 칩 마그네틱이 위로 가게 해야 할지 아니면 아래로 가게 해야 할지 잘 모른다고 하자. 이때 대부분의 사람들은 옆 사람이 어떻게 하나 흘깃 보고 따라 할 것이다. 그래야 경고음이 울리지 않는다고 생각하기 때문이다. 사실 마그네틱이 어느 쪽으로 향하든 상관없는데도 말이다. 이러한 동조 효과는 내가 가진 정보가 부족해서 정확한 판단을 내리기 어려운 상황일수록 강하게 나타난다.

둘째는 다수의 의견이 곧 하나의 압력이 되어 '집단 규범'으로 작용하기 때문이다. 어떤 사람이 집단 규범을 따르지 않으면 그 사람은 집단에서 소외당할 수 있다. 미국 컬럼비아대학의 심리학자 스탠리 샥터의 실험은 이런 경향성을 잘 보여준다.

샥터의 실험에서 실험 참가자들은 쟈니 로코라는 비행 청소년의 행동이 적힌 글을 읽었다. 그리고 그 학생에게 어떤 처벌을 내릴지 토론을 한 후 자신의 견해를 질문지에 적게 했다. 질문지는 '솜방망이 같은 처벌'부터 '매우 엄중한 처벌'까지 있었다.

실험에 참여한 사람들은 총 9명이었는데 사실 여기에도 속임수가 있었다. 실험 참가자 9명 중에서 6명이 진짜 실험 참가자였고 나머지 3명은 연구자와 한통속인 실험 협조자였다.

3명의 실험 협조자들은 서로 다른 역할을 맡았다. 첫 번째 역할은 '다수 의견 동조자'로, 6명의 진짜 실험 참가자들의 의견에 동조하는 것이었다. 두 번째 역할은 '반대자'로, 진짜 실험 참가자들의 의견에 반대되는 입장을 취했다. 마지막으로 세 번째 역할은 '변화자'로 처음에는 '반대자'처럼 진짜 실험 참가자들의 입장에서 반대하다가 토론하면서 점점 동조하게 되는 역할이었다.

이렇게 역할을 정한 상태에서 토론을 진행하고 진짜 실험 참가자들에게 설문조사를 했다. 질문의 내용은 실험 협조자였던 3명의 인상을 평가해달라는 것이었다. 그랬더니 '다수 의견 동조자' 역할을 했던 실험 협조자가 가장 대인관계가 원만한 사람으로 받아들여졌고 '반대자' 역할을 했던 실험 협조자가 가장 인기가 없었다. 이 사실은 '다수의 의견에 동의하지 않으면 미움을 받을 수도 있다'는 것을 보여준다.

〈벌거벗은 임금님〉 동화에서 임금님의 옷이 아름답다고 말한 백성들도 자신이 속한 집단으로부터 소외당하고 싶지 않았을 것이다. 그래서 아무도 임금님이 벌거벗었다고 말할 수가 없었던 것이다.

동조 효과는 집단의 구성원 수가 많고, 구성원 간의 결속력이 강하며, 또 특정 정보를 제공하는 사람의 권위와 그에 대한 신뢰가 높을 때 강하게 일어난다. 동화에서 임금님은 사기꾼들을 세상에서 가장 아름다운 옷을 짜낼 수 있는 전문 직공으로 여겼다. 그래서 임금님은 보이지도 않는 옷을 입고 보이는 것처럼 행동했다.

어떤 문제에 대한 집단 구성원들의 만장일치 여부도 동조에 큰 영향을 미친다. 만약 단 한 명이라도 전체 의견에 반대하는 이탈자가 생기면 동조 효과는 급격히 약해진다. 〈벌거벗은 임금님〉 동화를 보면 꼬마가 백성들과 다른 행동을 취하자 백성들은 "임금님이 벌거벗었다!"라고 수군거렸다. 의견의 만장일치가 불가능해지면서 동조의 강도가 약해진 것이다. 그러면 백성들은 집단의 압력을 무시하고 다르게 행동한 꼬마를 왜 배척하지 않았을까? 아마 백성들은 꼬마의 순수함에 신뢰를 느꼈기 때문일 것이다.

한 걸음 더

용기 있는 사람이 일의 판도를 바꾼다

동조 효과를 잘 보여 주는 영화 한 편이 있다. 바로 1957년에 개봉한 고전 영화 〈12인의 성난 사람들〉이다. 이 영화는 미국 영화 연구소에서 '역대 법정 드라마 10선'을 발표했을 때 2위에 선정되었다.

영화는 푹푹 찌는 어느 여름날, 좁은 배심원 방에서 벌어지는 일들을 다루고 있다. 12명의 배심원들은 사건의 배심을 맡게 되는데, 바로 빈민가에 사는 열여덟 살의 한 소년이 자신의 아버지를 칼로 살해한 사건이었다. 모든 정황 증거, 범행 도구, 목격자의 진술이 소년을 범인으로 지목하고 있었다. 만장일치로 의견을 정리해야 하는 배심원들은 대부분 소년을 유죄로 결정하고 각자 볼일을 보러 가고 싶어 한다. 소년을 범인으로 확신할 수 없었던 몇몇 배심원들도 슬그머니 유죄에 손을 들면서 결국 12명 중 11명이 '유죄'로 결정한다. 단 한 명, 8번 배심원만 빼고 말이다.

8번 배심원은 소년의 무죄 가능성을 주장하면서 상황을 새로운 국면으로 빠지게 한다. 그는 몇 가지 정황을 예로 들면서 "소년이

심리학이 이토록 재미있을 줄이야

정말로 살인을 했는지 확신할 수 없다"고 말한다. 이 때문에 나머지 배심원들과 설전이 벌어지고 방에서는 고성이 오간다.

8번 배심원은 소년이 무죄인 이유에 대해 다음과 같이 주장했다. 첫째, 범행 도구로 쓰인 칼은 누구나 쉽게 구할 수 있으므로 소년의 것이라 보기 어렵다. 둘째, 소년의 작은 키를 고려할 때 시신에 나 있는 상처의 위치가 논리적으로 맞지 않는다. 따라서 소년은 무죄라는 것이다. 이 과정에서 다른 배심원들은 8번 배심원에게 설득당한다. 결국 처음과는 전혀 다른 '무죄'로 만장일치가 이루어진다.

이 영화는 '다수의 의견에 반대하면 질책을 받게 된다'에서 '소수의 의견이 다수의 의견으로 바뀔 수 있다'는 과정을 섬세하게 잘 보여 주고 있다. 동조 효과에 대해 더 자세히 알고 싶다면 이 영화를 볼 것을 추천한다.

동조는 양날의 검이다. 어떤 사람이 길을 건너려고 할 때 무단 횡단하는 사람들이 있으면 별생각 없이 따라 하는 것처럼 동조 현상은 부정적인 상황에서도 일어난다. 그러나 정류장에 두세 사람이 줄을 서 있으면 그 뒤에 오는 사람들도 차례로 줄을 서서 버스를 기다리는 것처럼 동조 효과는 긍정적으로 작용할 때도 많다.

심지어 동조 효과는 내가 가진 정보가 부족한 상태에서 좀 더 나은 판단을 할 수 있도록 도와주기도 하며, 또 사회질서를 유지하게 하는 원동력으로 작용하기도 한다.

　문제는 누가 봐도 옳지 않은 상황에서 무비판적이고 악의적으로 동조하는 경우다. 가령 집단 따돌림 같은 상황을 들 수 있다. 이 상황에서 "어쩔 수 없었어. 안 그러면 나도 따돌림당했을 거야"라고 말할 수 있지만 실은 용기가 없는 것이다. 모두가 "맞다"고 할 때 나만 "아니다"라고 말하는 것은 매우 어려운 일이다. 그러나 누가 용기 있게 "저는 그렇게 생각하지 않습니다"라고 말해주면 다른 사람들도 "아니다"라고 말할 용기를 얻는다. 그래서 모두가 "예!"할 때 혼자 "아니오!"라고 말할 수 있는 사람이 대단한 것이다.

20

내가 선택한 것은
모두 옳아야 한다

〈여우와 포도〉의 인지 부조화

잔뜩 굶주린 여우 한 마리가 있었습니다. 여우는 아무것도 먹지 못해서 기진맥진한 상태였지요. 여우는 먹을 것을 찾아서 숲속을 이리저리 돌아다녔습니다. 그러다 여우는 향기로운 냄새를 맡았어요. 여우는 냄새가 나는 곳으로 서둘러 달려갔습니다.

마침내 여우는 먹을 것을 발견했습니다. 아주 먹음직스러운 포도가 덩굴에 주렁주렁 매달려 있었지요. 보석같이 반짝이는 탐스러운 포도 열매를 보고 어느 누가 그냥 지나가겠어요? 여우는 포도를 보기만 해도 저절로 침이 고일 정도였지요.

"포도가 아주 맛있게 생겼구나."

여우는 군침을 삼키면서 포도 덩굴을 쳐다보았습니다. 포도는 무척 달콤할 것만 같았지요. 하지만 포도는 여우의 키보다 훨씬 높은 곳에 매달려 있었습니다.

여우는 포도를 따기 위해 손을 내밀었지만 닿지 않았습니다. 이번에는 뒤로 물러났다가 달려와 힘껏 뛰어올랐지만, 역시 손이 닿지 않았습니다. 여우는 포도를 따기 위해 여러 번이나 시도했지만, 번번이 실패했습니다.

한참이나 애쓰던 여우는 결국 포도 따기를 포기했습니다. 그리고 여우는 포도 덩굴이 있는 곳을 떠나면서 이렇게 중얼거렸습니다.

"흥, 저 포도는 보나 마나 신 포도일 거야."

이솝 우화에서 여우는 자신이 갖지 못한 것에 대해 "그건 생각만큼 좋지 않을 거야"라고 말하며 자기 자신을 위로한다. 사실 우리도 여우와 비슷한 행동을 일상생활에서 종종 한다. 가령 회사에서 승진하지 못하면 '괜히 바빠지기만 하고 가족들이랑 보내는 시간도 줄어들 거야. 그러니 승급 심사에서 탈락한 게 차라리 나

심리학이 이토록 재미있을 줄이야

아'라고 말이다. 또 가난한 사람이 부유한 사람을 보고 '인생에서 돈이 전부는 아니야. 돈이 많다고 다 행복하진 않을걸?'이라고 생각한다. 이처럼 합리화하는 모습을 심리학에서는 '신 포도형 합리화'라고 한다.

신 포도형 합리화란 자신이 원하는 결과를 얻지 못하면 사실은 원하지 않았다고 변명하는 것을 말한다. 마치 이솝 우화에서 여우가 "저 포도는 보나 마나 실 거야"라고 말하는 것과 같다. '신 포도형 합리화'와 반대되는 의미로 '달콤한 레몬형 합리화'가 있다. 달콤한 레몬형 합리화란 자신이 원하지 않는 결과를 얻게 되면 사실은 내가 바라던 바라고 말하는 것을 뜻한다.

신 포도형 합리화가 가지지 못한 것에 대한 가치를 낮추는 것이라면, 달콤한 레몬형 합리화는 가지고 있는 것에서 내가 만족할 만한 부분을 찾는 것을 뜻한다.

달콤한 레몬형 합리화의 예는 다음과 같다. 비싼 돈을 주고 샀는데 나중에 그보다 싸고 좋아 보이는 옷이 눈에 들어왔다고 해보자. 그러면 이렇게 생각하는 것이다. '내가 비싼 돈을 주고 산 만큼 옷이 오래 갈 거고 유행도 타지 않을 거야.' 또 자신이 도서 벽지에 있는 학교의 교사로 발령이 나면 '자연과 더불어 안빈낙도의 삶을 살 수 있을 거야'라고 생각하는 경우다.

그럼 무엇이 우리로 하여금 이런 합리화를 하게 만드는 걸까?

바로 '인지 부조화' 때문이다. 인지 부조화란 자신의 행동과 생각이 일치하지 않을 때 스트레스를 받게 되어, 이를 해소하기 위해 자신의 행동을 합리화하는 것을 말한다.

인지 부조화 이론은 미국 미네소타대학의 심리학자 레온 페스팅거에 의해 발견되었다.

당시 그는 지구의 종말을 기다리던 한 사이비 종교 단체를 관찰하고 있었다. 그런데 이 종교 단체의 교주가 말하길, 자신이 클라리온이라는 행성의 수호신으로부터 신탁을 받았는데 12월 21일에 큰 홍수가 일어나 지구가 멸망한다는 것이다. 또 이 난세에 진정한 신도들만 비행접시를 타서 살아남는다고 말했다.

드디어 교주가 말한 12월 21일이 되었다. 이 종교 단체의 신도들은 떼지어 몰려들어서 교주가 말한 인류 심판의 순간이 오기를 기다렸다. 하지만 아무 일도 일어나지 않았다. 비행접시는커녕 파리 한 마리 보이지 않았다.

그러자 신도들은 웅성대기 시작했고 자신들의 교주에게 어떻게 된 거냐고 물었다. 그랬더니 교주는 즉시 수호신으로부터 다른 신탁을 받았다며 신도들에게 공표했다. 그 내용은 바로 여러분이 그동안 보여 준 믿음 덕분에 전 세계가 구원받았다는 것이다.

보통 이런 상황을 겪으면 대부분 교주를 비웃으면서 사기꾼으로 몰아갈 것이다. 하지만 놀랍게도 신도들은 교주의 신탁이 발표되는 순간 진심으로 기뻐하며 환호성을 질렀다.

레온 페스팅거는 이런 신도들의 모습에 의문을 품었고, 결국 인지 부조화 이론을 주장하게 되었다. 즉 자신들의 행동과 인지적 요소(생각)가 일치하지 않을 때 인지적 요소(생각)를 행동에 맞게 바꾼다는 것이다.

만약 신도들이 '클라리온이란 행성의 수호신은 없다. 이 교주는 사기꾼이다'라는 사실을 받아들이면, 이 사실과 신도들이 그동안 해 왔던 행동 사이에서 인지 부조화가 생긴다. 게다가 그동안 자신이 교주에게 바쳤던 재산이나 버린 가족, 직장, 친구들을 생각한다면 더욱더 큰 인지 부조화가 발생하게 된다. 그래서 예언이 이루어지지 않자, 자신의 신념을 독실하게 다지는 방향으로 인지 부조화를 해소한 것이다.

한편 인지 부조화는 우리 일상생활에서도 쉽게 볼 수 있다. 예를 들어 '담배가 암을 유발한다'는 것은 온 국민이 다 아는 상식이다. 비흡연자들은 이 사실에 별다른 부정을 하지 않는다. 하지만 애연가들은 다르다. "담배를 못 피우면 스트레스를 받아서 오히려 더 위험하다", "반드시 담배가 암을 유발시키는 건 아니다" 등의 말을 하며 자신의 흡연 행동을 정당화하려고 한다. 이 역시 인지 부조화에 의한 행동이라고 볼 수 있다.

또 사람들은 양자택일의 상황에서 하나를 선택하고 나면, 자신이 선택한 것의 가치는 더 높게 판단하고, 선택하지 않은 것의 가치는 더 낮게 판단하는 경향이 있다.

가령 어떤 사람이 국문학과와 심리학과 중에서 어느 전공을 선택할지 고민하다가 심리학과를 선택했다고 하자. 아마 이 사람은 '인간을 과학적으로 연구하는 학문이라니! 심리학과 너무 멋있는걸?' 하며 심리학과의 장점을 과장해서 생각할 것이다. 반면 국문학과에 대해서는 '국어는 재미도 없고 어려워. 특히 문법은 더' 하며 국문학과의 단점을 더 극대화할 것이다. 그래야 자신의 선택이 옳았다고 합리화할 수 있으니 말이다.

다시 동화로 돌아가 보자. 여우는 맛있어 보이는 포도를 얻는 데 실패하자 '저 포도는 신 포도일 거야'라며 애초의 생각을 바꾼다.

이처럼 사람들이 인지 부조화를 하는 이유는 받아들이기 힘든 상황을 조금 더 편하게 받아들이기 위한 노력이다. 그렇게 하면 자신의 마음이 편안해지기 때문이다.

한 걸음 더

행동의 변화는 곧 생각의 변화를 초래한다

심리학자 레온 페스팅거의 인지 부조화 이론은 발표 당시 심리학계에 센세이션을 몰고 왔다. 왜냐하면 당시 심리학계에서는 행동주의 이론이 주류였기 때문이다. 행동주의 이론이란 쉽게 말해 '보상이 행동을 강화하고 처벌은 행동을 감소시킨다'는 내용이다. 그런데 페스팅거는 "인간의 행동은 단순히 보상과 처벌에 의해서만 설명될 수 없으며, 오히려 인간은 스스로를 합리화하기 위해 대단히 적극적인 정신적 활동을 한다"라고 밝혔다.

인지 부조화를 다룬 유명한 실험이 있다. 페스팅거와 그의 동료 칼 스미스는 실험 참가자들을 두 집단으로 나누고, '30분 동안 박스에 실감개 넣기'처럼 지루하고 재미없는 과제를 시켰다. 이후 연구자들은 모든 참가자에게 다음과 같이 부탁했다. "앞으로 이 일을 하게 될 다른 사람들에게 오늘 과제가 재밌었다고 말해주세요." 그리고 부탁을 들어주는 대가로 첫 번째 집단에게는 1달러, 두 번째 집단에게는 20달러를 주었다. 과연 두 집단은 연구자들의 부탁을 들어주었을까?

결과적으로 두 집단 모두 다른 사람들에게 "오늘 과제가 재밌었다"라고 말했다. 연구자들은 실험 참가자들을 다시 불러 "실제로 과제가 재밌었냐"라고 물었다. 그랬더니 20달러를 받은 집단은 "재미없었다"라고 솔직하게 말한 반면 1달러를 받은 집단은 "너무 재밌었다"라고 말했다. 심지어 연구자들이 "그 과제는 재미없는 일이 맞다"라고 말했는데도 말이다.

　왜 그럴까? 모든 실험 참가자는 "과제가 재밌었다"라고 말하도록 부탁받은 행동과 '사실 그 과제는 지루했다'라는 생각이 서로 일치하지 않았다. 즉 양쪽 집단 모두 인지 부조화를 경험했다.

　그런데 20달러나 받은 집단은 돈을 많이 받았기 때문에 자신의 행동을 합리화할 수 있었다. 그래서 연구자들이 솔직하게 말해달라 했을 때, "그 과제는 재미없었지만, 거금을 받았으니 거짓말할 수밖에 없었다"라고 털어놓은 것이다.

　반면 다른 집단은 20달러보다 훨씬 적은 1달러를 받았기 때문에 자신의 행동을 합리화할 수 없었다. 왜냐하면 '겨우 1달러 받자고 재미없는 과제를 재밌었다고 하라고?'라며 생각했기 때문이다. 그래서 '그 과제는 지루했어'라는 생각을 '난 정말 그 일이 재밌었어'로 바꾸어 인지 부조화를 해소한 것이다. 그 결과, 연구자들이 "그 과제는 재미없는 일이 맞다"라고 알려 줘도, "아니에요.

정말 재밌었어요"라고 말한 것이다.

이처럼 인간은 자신의 행동을 합리화하는 과정에서 자신의 생각을 행동에 맞게 바꾸는 경향이 있다. 하지만 이때 자신의 생각을 잘못된 행동에 맞춰서 바꾸지는 않도록 주의해야 할 것이다.

21

얼굴이 이쁘면
성격도 이쁠 것이다

〈신데렐라〉의 헤일로 효과

신데렐라는 요술쟁이 할머니의 도움을 받아 아주 예쁜 모습으로 변신했습니다. 이제 무도회가 열리는 성으로 떠날 일만 남았지요. 그런데 요술쟁이 할머니가 신데렐라를 붙들고 단단히 주의를 주었어요.

"신데렐라야, 이 마법은 열두 시를 알리는 종이 울리면 모두 풀린단다. 그러니까 반드시 그 전에 돌아와야 해. 알았지?"

"네, 할머니. 정말 고맙습니다."

신데렐라를 태운 황금마차는 성을 향해 달렸어요. 성으로 향하는 동안 신데렐라의 마음은 설렘으로 가득했답니다.

신데렐라가 무도회장에 들어서자, 그곳에 있던 사람들은 모두 신데렐라를 보고 감탄했어요.

"정말 아름다워! 어느 나라의 공주님일까?"

그때 신데렐라 앞에 왕자가 다가오는 게 아니겠어요?

"아름다운 공주님, 저와 함께 춤을 추시겠습니까?"

"네."

신데렐라는 부끄러운 듯 살짝 웃으며 손을 내밀었습니다. 두 사람이 춤추는 모습을 모두가 넋을 잃고 바라보았어요. 새어머니와 언니들도 옆에서 그 모습을 지켜보고 있었지만, 그 아름다운 공주가 신데렐라인 줄은 꿈에도 몰랐답니다.

왕자는 신데렐라의 손을 잡고 춤을 추면서 말했어요.

"저는 당신같이 아름다운 분을 찾고 있었습니다."

신데렐라는 마치 꿈을 꾸는 것처럼 황홀한 기분이 들어서 시간이 가는 줄도 모르고 있었습니다.

그때 열두 시를 알리는 종소리가 울렸어요. 그 소리를 들은 신데렐라는 깜짝 놀라 왕자의 손을 뿌리치고 허둥지둥 무도회장을 빠져나왔어요. 왕자가 서둘러 신데렐라의 뒤를 쫓아왔지만, 신데렐라는 벌써 층계를 거의 다 내려온 뒤였지요. 신데렐라는 마음이 급해서 한쪽 구두가 벗겨진 줄도 모르고 그대로 뛰어갔습니다.

　결국 왕자는 신데렐라를 놓치고 말았답니다. 그런데 신데렐라의 유리 구두 한 짝이 계단에 떨어져 있었어요.

　'당신을 반드시 찾아내어 결혼을 청하겠소.'

　왕자는 유리 구두를 주워들고 마음속으로 꼭꼭 다짐했답니다.

　〈신데렐라〉 동화에 나오는 무도회는 어떻게 보면 참 이상한 무도회다. 그 당시 유럽 사회에서는 신분제가 극명했다. 그런데 동화에서는 신분을 막론하고 누구나 무도회에 참석한다. 물론 무도회에 걸맞은 헤어스타일이나 드레스, 액세서리 등을 감당할 만큼의 재력은 있어야 하겠지만 말이다. 그래서 문득 이런 생각이 든다. '혹시 왕자는 지독한 외모지상주의자가 아닐까?' 그러니까 동화 속 무도회는 왕자가 사회적 신분에 상관없이 '예쁜 여자 어디 없나' 찾아보기 위한 자리가 아니었는지 의심이 가는 것이다.

　왕자의 사회적 지위를 고려할 때, 왕자는 분명 신데렐라만큼 예쁜 외모를 갖췄으면서 동시에 자신과 비슷한 지위를 가진 '공주'를 만날 수 있었다. 하지만 왕자는 한낱 서민인 신데렐라를 찾기 위해 방방곡곡을 헤맨다. 전국의 모든 아가씨에게 신데렐라가 흘리고 간 유리 구두를 신겨 보면서 말이다.

　　　　　　　　심리학이 이토록 재미있을 줄이야

도대체 무엇이 이토록 왕자를 신데렐라 찾기에 빠지게 했을까? 그건 바로 인간의 가장 강력한 호감을 자극하는 '신체적 매력' 때문이다. 즉 신데렐라는 말로 표현할 수 없을 만큼 무척이나 예뻤다는 말이다.

미국의 심리학자 일레인 햇필드와 동료들이 했던 실험은 신데렐라를 찾아 헤매는 왕자의 마음을 잘 보여 준다.

우선 연구자들은 실험 대상인 미네소타대학의 학생들에게 "나는 어떤 성격을 가졌고, 어떤 성격의 이성과 사귀고 싶은가"라고 물었다. 그리고 학생들의 대답과 상관없이 컴퓨터 프로그램을 통해 댄스파티 상대를 무작위로 선정하여 짝을 지어주고 댄스파티에 참가하게 했다. 댄스파티가 끝나자 연구자들은 학생들에게 댄스파티 파트너의 외모를 평가하게 한 다음 그 파트너와 사귀고 싶은지 물었다.

과연 어떤 결과가 나왔을까? "상대를 다시 만나 사귀고 싶다"고 말한 학생들 대부분은 댄스파티 파트너의 외모에 대한 만족도가 높았다. 다시 말해 사귀고 싶은 이성의 기준이 댄스파티 전에 조사했던 성격이 아니라 외적 매력이었던 것이다. 이 실험으로 미루어 보건대 데이트 상대를 정할 때 외모를 우선시하는 것은 비단 동화 속 왕자에게만 해당하는 일이 아닌 것 같다.

그러면 이러한 현상은 가볍게 만나고 마는 일회성 데이트에만 해당하는 것은 아닐까? 그렇지 않다. 심리학자 그레고리 화이트가 진행한 연구를 보면 서로의 외모를 매력적으로 느꼈을 때 더 오래 교제하는 경향이 있었다. 심리학자 베럴즈와 데이크스트라가 한 연구에서도 상대방의 외모를 더 매력적으로 여길 때 부부 관계에서 만족도가 높았다.

그런데 사람들은 외모가 중요하다는 사실을 내세우지 않으려한다. 사람을 만날 때 어떤 면을 중시하냐고 물어보면 대부분 외모보다는 성격, 태도, 가치관 등을 말한다. 하지만 이것은 응당 '그래야만 한다'고 생각하기 때문일 가능성이 크다. 외모로 사람을 판단하는 건 불공평해 보이기 때문이다. 하지만 신체적 매력은 우리 자신의 생각보다 더욱 강력하게 영향을 미친다.

한번 생각해 보자. 우리는 신데렐라의 앞뒤 상황을 알고 있어서 신데렐라가 착하다는 사실을 안다. 하지만 왕자의 입장에서 보면 왕자는 춤을 추는 동안에만 신데렐라를 본 것이 전부다. 그런데도 왕자는 잘 모르는 여자에게 청혼했다. 그저 외모가 예쁘다는 사실 하나만으로 말이다.

아마 왕자는 '이렇게 예쁜 여자는 분명 현명하고 착할 거야'라고 생각했을 가능성이 크다. 이를 심리학에서는 '헤일로(후광) 효과'라고 한다. 헤일로 효과란 한 가지 요소가 빼어나면 그 나머지 요소들도 좋을 것으로 생각하는 것을 뜻한다.

심리학이 이토록 재미있을 줄이야

헤일로 효과를 처음으로 연구한 사람은 미국의 심리학자 에드 워드 손다이크다. 그는 군대에 있는 장교들에게 병사들을 평가하 게 했다. 그랬더니 인상 좋고 체격이 장대한 일부 병사들에게 특 히 더 좋은 점수를 준 것으로 나타났다. 장교들은 자신이 좋은 점 수를 준 병사들이 다른 평범한 병사들보다 사격 실력이 좋고 전 투화도 잘 닦았으며 심지어 하모니카도 잘 분다고 여겼다.

미네소타대학의 심리학 교수인 카렌 디온 등이 한 연구에서도 사람들은 '매력적인 외모를 지닌 사람이 좋은 성격을 가지고 있 다'고 평가하는 것으로 드러났다. 이뿐만 아니라 매력적인 외모 를 가진 사람은 미래에도 행복하게 잘 살 것이라고 밝혔다. 이러 한 결과는 이성에 대해서뿐 아니라 남자가 남자를, 여자가 여자 를 평가하는 모든 경우에서도 똑같았다. 슬프게도 '외모지상주의' 라는 말이 괜히 나온 게 아니다.

그러면 매력적인 외모와 훌륭한 성품은 실제로 관련성이 큰 것 일까?

이에 대해 미네소타대학의 심리학 교수인 마크 스나이더가 한 가지 실험을 했다. 그는 남학생들에게 여학생과 전화로 대화를 나누도록 했다. 통화하기 전에 남학생들은 상대 여학생의 얼굴을 사진으로 본 상태였다. 이때 사진은 예쁜 얼굴이거나 평범한 얼 굴 둘 중 하나였다. 그 결과 예쁜 여학생의 사진을 본 남학생들은 해당 여학생과 통화를 하는 내내 따뜻하고 친절하게 행동한 것으로 나타났다. 즉 매력적인 여학생과 통화한 남학생들은 상대 여학생의 말을 잘 들어주고 어떤 식으로든 맞장구를 쳤다.

이 실험으로 매력적인 외모를 지닌 사람이 실제로 뛰어난 성품과 능력을 지녔는지는 중요하지 않은 것으로 밝혀졌다. 그저 주변 사람들이 매력적인 외모를 훌륭한 성품과 연결지어 생각한 것이 그 사람을 좋은 사람처럼 보이게 했을 뿐이다.

이를 토대로 볼 때 신데렐라의 참된 매력은 그녀의 주변 사람들이 만들어 준 것일지도 모른다. 요술쟁이 할머니도 외모의 중요성을 알고 신데렐라를 화려하게 꾸민 것일 수 있다. 어쩌면 신데렐라는 심리학적 '헤일로 효과'를 알고 자신의 외모를 적절히 활용했던 똑똑한 여자인지도 모른다.

우리도 자신을 내보일 때는 헤일로 효과를 적절하게 이용하고, 반대로 다른 사람을 평가할 때는 헤일로 효과를 걷어낼 줄 아는 지혜를 가져야 하지 않을까? 만약 신데렐라보다 신데렐라 언니가 더 예뻤다면 왕자는 신데렐라 언니를 찾아 헤맸을지도 모른다. 신데렐라 언니의 고약한 심보도 모르고 말이다. 그러니 이런 왕자 같은 행동을 하지 않도록 헤일로 효과를 잘 알고 경계해야 할 것이다.

심리학이 이토록 재미있을 줄이야

한 걸음 더

무엇이든지 하나가 모든 것을 결정할 수는 없다

헤일로 효과가 무서운 이유는 외모에만 국한되지 않는다는 것이다. 이 심리는 학벌이나 사회적 위치 등 거의 모든 영역에서 적용 가능하다. 가령 학벌을 생각해 보자. 사실 학벌이 무조건적인 만능 프리 패스는 아니다. 서울대라고 해서 모두가 행복하게 잘 사는 것도 아니고 이름 없는 대학에 다닌다고 해서 못사는 것도 아니다. 하지만 일단 명문대에 입학하고 나면 다른 사람들의 편견과 헤일로 효과 때문에 얻어지는 이득이 있다. 이미 다른 사람들은 그 사람의 학벌만 보고 '이 사람은 똑똑하고 성실할 거야'라고 생각하기 때문이다.

예를 들어 학원 강사를 뽑으려고 하는데 강의 경력이 없는 두 사람이 원서를 냈다고 해보자. 그래서 두 사람에게 한번 강의를 해보라고 시켰지만, 모두 별로였다. 이때 두 사람 중 한 명은 서울대학교를 나왔고 한 명은 이름 없는 지방 대학교를 나왔다면 어떤 상황이 펼쳐질까? 서울대 출신에게는 아마 '경력이 없어서 그렇지 기회를 주면 잘하지 않을까?'라고 생각할 가능성이 크다.

만약 아직도 학벌의 헤일로 효과를 잘 모르겠다면 직접 서울대 캠퍼스에 가보자. '인성이 뛰어나서 서울대생이 된 건 아니잖아? 그냥 똑같은 사람이라고'라고 생각해도 캠퍼스에 들어서는 순간 서울대 학생들이 왠지 다르게 느껴질 것이다.

　헤일로 효과와 대비되는 것이 바로 '데블(악마) 효과'다. 데블 효과란 못생긴 외모 때문에 그 사람의 다른 측면까지 부정적으로 평가되는 것을 말한다. 앞서 언급한 손다이크의 실험에서도 장교들은 못생긴 병사들에게 '실수를 많이 하고 형편없는 녀석'이라고 평가하는 모습을 보였다.

　데블 효과도 헤일로 효과와 마찬가지로 외모에만 국한되지 않고 여러 방면으로 적용된다. 언젠가 학원에서 일하는 직원이 배달 기사에게 "학교 다닐 때 공부를 잘했으면 배달하고 있겠냐?"라는 막말을 해서 사회적으로 파문을 일으킨 적이 있었다. 이것은 그 학원 직원이 데블 효과에 영향을 받았기 때문이다. 한 가지의 부정적인 특성을 가지고 전체를 평가한 것이다.

　이처럼 자신의 잘못된 편견을 확고하게 믿으면 이러한 일은 충분히 일어날 수 있다. 그러므로 그 사람의 진짜 모습을 보려면 이러한 헤일로 효과와 데블 효과를 잘 알고 경계해야 할 것이다.

22

완전한 사랑에는
3가지가 필요하다

〈사랑에 빠진 사자〉의 사랑의 삼각형 이론

평화로운 마을에 농부와 그의 딸이 살고 있었습니다. 그들은 서로를 무척 아꼈어요. 어느 늦은 오후에 부녀는 밭에서 일을 하고 있었습니다.

"얘야, 좀 쉬었다 하렴."

농부는 다정한 눈빛으로 딸에게 말했어요.

"전 괜찮아요. 아버지야말로 집에 가서 좀 쉬세요."

딸은 이마에 송골송골 맺힌 땀을 닦으면서 말했습니다. 딸은 얼굴도

예쁘고 마음도 무척 착했지요.

이때 사자 한 마리가 농부와 딸을 잡아먹으려고 살금살금 다가왔어요. 그런데 사자는 너무 아름다운 딸의 모습을 보고 그만 첫눈에 반해 사랑에 빠지고 말았답니다. 잡아먹기를 포기하고 돌아간 사자는 딸을 한시도 잊을 수 없었어요. 그래서 사자는 농부를 찾아갔습니다.

"따님을 사랑하고 있소. 부디 결혼을 허락해 주시면 안 되겠소?"

농부는 속으로 화들짝 놀랐어요. 당연히 있을 수 없는 일이기 때문이죠. 하지만 결혼을 반대하면 난폭한 사자가 무슨 짓을 할지 몰라서 두려웠어요. 그래서 농부는 이렇게 말했답니다.

"사자님이 직접 미천한 소인의 딸에게 청혼을 해 주시니 영광이라 생각합니다."

그 말을 듣자 사자는 뛸 듯이 기뻤어요.

"다만…"

"다만?"

"우리 딸이 사자님의 날카로운 발톱과 이빨을 무서워할 것입니다. 그걸 없애면 제 딸을 사자님의 아내로 드리겠습니다."

"따님을 얻을 수 있는 일인데 내가 무슨 일인들 못 하겠소!"

농부의 딸을 너무나도 사랑했던 사자는 발톱과 이빨을 모두 뽑아버렸습니다. 너무 아팠지만 사자는 꾹 참았어요. 초췌한 모습으로 나타난 사자를 보고 이제는 두려울 게 없어진 농부가 소리쳤답니다.

"이 어리석은 사자야! 발톱과 이빨이 없는 사자를 누가 무서워하겠느냐!"

그러면서 숨겨 놓았던 몽둥이를 꺼내 사자를 숲속으로 내쫓아버렸답니다.

〈사랑에 빠진 사자〉는 사자의 어리석음을 희화화한 동화로 잘 알려져 있다. 우리는 이 이야기를 읽고 '과도한 집착은 그릇된 판단을 낳는다'라거나 '분수에 맞지 않는 걸 탐하면 혼쭐이 난다'와 같은 교훈을 배운다.

하지만 생각해 보자. 사자는 농부에게 분명 "소녀를 사랑한다"고 말했다. 그리고 사랑 하나 때문에 자신의 모든 것을 버렸다. 이런 사자를 보고 과연 멍청하다고만 말할 수 있을까? 소녀를 얻기 위해 자신의 이빨과 발톱을 스스로 뽑아낸 사자는 어쩌면 정말 멋있는 사내일지도 모른다. 보통의 경우라면 그러기가 쉽지 않으니 말이다.

보통 사람들은 아무리 친한 관계여도 상대방이 원하는 모습으로 나를 바꾸기 위해 죽을힘을 다하지 않는다. 대개 있는 그대로의 내 모습을 가식 없이 주고받는 경우가 많기 때문이다. 하지만 사자는 달랐다. 사자의 행동은 마치 "당신은 내가 더 멋진 사람이 되고 싶게끔 만들어!"라고 말하는 어느 영화의 대사를 떠올리게 한다. 사자는 딸의 마음을 얻기 위해 자신에게 가장 중요한 것을 포기하면서까지 필사적으로 노력했기 때문이다. 사자는 무엇을 위해 그런 것일까? 바로 사랑 때문이다.

그간 수많은 학자가 사랑의 유형에 대해 정리하려고 노력했다. 그중에서도 가장 유명한 이론은 미국 터프츠대학의 심리학과 교수인 스턴버그의 '삼각형 이론'이다. 스턴버그는 사랑이 '친밀감', '열정', '헌신' 이렇게 3가지 요소로 구성되어 있다고 보았다.

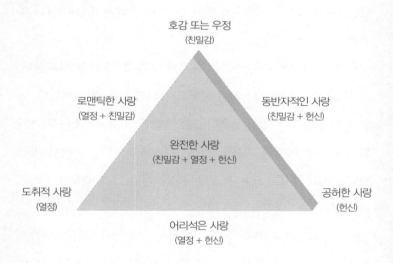

'친밀감'이란 상대방에게 따뜻한 마음과 신뢰를 느끼는 것을 말한다. '열정'은 상대방을 보면 가슴이 두근거리고 그 사람과 함께

심리학이 이토록 재미있을 줄이야

있고 싶다는 심리적 각성을 동반한 감정을 뜻한다. 이것은 어느 노래 가사처럼 "같이 있지 못하면 참을 수 없고, 보고 싶을 때 못 보면 눈멀고 마는, 활화산처럼 터져 오르는" 그런 무아지경의 감정이다. 마지막으로 '헌신'은 그 어떤 역경과 고난이 찾아와도 이 사람과의 관계를 유지하겠다는 마음과 책임감을 의미한다.

스턴버그는 이 3가지 요소를 활용해서 사랑의 유형을 8가지로 정리했다.

1. 친밀감만 있는 경우 : 호감 또는 우정

친한 친구에게서 느끼는 가깝고 따뜻한 감정을 말한다.

2. 열정만 있는 경우 : 도취적 사랑

"첫눈에 반했다"라고 말하는 경우다. 그런데 이 감정은 상대방에게 부담이 될 수도 있다. 왜냐하면 애정보다 욕망의 느낌이 더 강하기 때문이다.

3. 헌신만 있는 경우 : 공허한 사랑

서로 감정적 몰입이나 육체적 매력을 느끼지 못하는 상태를 말한다. 그저 책임감만으로 서로를 대할 뿐이다.

4. 열정과 친밀감이 결합한 경우 : 로맨틱한 사랑

상대방을 불같이 사랑하고 때로는 서로 친구처럼 정서적 안정감도 느끼지만, 이 관계는 오래가지 않는 편이다. 이 사랑은 열정에서 친밀감이 생겨난 경우일 수도 있고 반대로 친밀감에서 어느 순간 열정을 느낀 경우일 수도 있다.

5. 열정과 헌신이 결합한 경우 : 어리석은 사랑

영화에 자주 나오는 사랑의 유형이다. 만나자마자 첫눈에 반해 사랑에 빠지고 며칠 안에 결혼을 결심하는 경우다. 이 사랑은 헌신이 있다는 점에서 열정만 있는 도취적 사랑과 구분되지만, 헌신의 기반이 비교적 안정적인 친밀감에 있지 않고 변덕스러운 열정에 있다는 점에서 어리석은 사랑이 되고 말 가능성이 크다.

6. 친밀감과 헌신이 결합한 경우 : 동반자적인 사랑

상대방에 대한 열정은 식었지만, 서로 만나면 친구처럼 편하고 최선을 다한다. 그래서 열정과 친밀감이 결합한 로맨틱한 사랑보다 더 오래간다. 보통 열정이 식으면 대부분 "사랑이 식었다"며 이별을 고한다. 하지만 이 유형은 사랑이 식었다기보다 동반자적 사랑의 유형으로 옮겨간 경우다.

7. 3가지 요소가 모두 결합한 경우 : 완전한 사랑

이 유형의 사랑은 도달하기도 어렵지만, 그 상태를 유지하는 것이 더 어렵다. 어쩌면 프러포즈를 하고 받아들이는 그 순간에만 있는 사랑인지도 모른다.

8. 3가지 요소가 모두 없는 경우 : 사랑이 아님

친밀감·열정·헌신, 이 3가지가 모두 없으니 사랑이라고 볼 수 없다.

　　　　　　　　　　　　심리학이 이토록 재미있을 줄이야

그럼 사자의 사랑은 어떤 유형에 속할까? '소녀를 보고 첫눈에 반했다', '그 소녀의 모습을 한시도 잊을 수 없었다'라는 구절에서 알 수 있듯이 사자의 모습은 분명 열정적이다. 또 사자가 소녀와 결혼하려고 했다는 점에서 헌신적이기도 하다. 이를 종합해보면 사자의 사랑은 열정과 헌신이 결합한 '어리석은 사랑'이다. 소녀를 얻기 위해 자신에게 가장 중요한 이빨과 발톱을 모두 뽑아버린 것만 봐도 알 수 있다. 이처럼 열정적인 사랑은 자신의 목숨을 내어놓을 수 있을 정도로 강렬하다. 그리고 그만큼 합리적인 의사결정을 하지 못하게 만든다. 그런 까닭에 사자는 이빨과 발톱을 뽑으면 자신의 힘이 없어지고, 농부가 그런 자신을 몽둥이로 내쫓을 수도 있다는 사실을 인지하지 못한 것이다.

그런데 만일 사자의 이런 열정적이고 헌신적인 사랑에 소녀가 탄복해 사자의 사랑을 받아들였다면 과연 그 둘은 행복했을까? (동물과 인간이라는 종의 차이는 잠깐 무시하자)

동화에서 사자는 누가 봐도 강한 힘을 가지고 있고, 거칠며, 자기 마음대로 하는 이미지다. 그런데 농부의 딸은 여리고 착하며 배려심이 강한 이미지다. 우리는 이렇게 정반대의 사람이 의외로 잘 어울릴 거라고 생각하는 경우가 많다. "자신과 반대되는 사람과 살아야 잘 산다"라는 말도 있지 않은가. 이를 심리학에서는 '상보성의 원리'라고 한다.

여기서 상보성의 원리란 나에게 없는 것을 채워 주는 사람에 대해 호감을 느끼는 것이다. 그런데 학계에서 상호성의 원리가 잘못된 것일 수도 있다는 연구 결과가 다수 발표됐다.

예를 들어 하버드대학 심리학자 힐은 상보성의 원리를 증명하기 위해 연애 중인 커플을 수년간 관찰했다. 그 결과 서로 차이점이 많은 커플이 그렇지 않은 커플보다 헤어질 확률이 더 높다는 사실을 발견했다. 또 스탠포드대학 심리학과 교수인 터먼이 진행했던 연구에서도 성격, 태도, 가치관 등에서 서로 유사성이 높을수록 결혼 만족도가 높은 것으로 드러났다. 이렇게 비슷한 사람들끼리 더 잘 지내는 것을 가리켜서 '유사성의 원리'라고 한다.

물론 처음에는 자신과 다른 점을 가진 상대방에 대해 매력을 느껴서 가깝게 지낼 수 있다. 내향적인 사람은 다른 사람들과 쉽게 어울리는 외향적인 사람을 부러워할 수 있고, 외향적인 사람은 차분한 내향적인 사람에게 신비함을 느낄 수 있다. 하지만 안타깝게도 그 매력은 시간이 흐를수록 점점 사라진다. 오히려 유사성의 원리대로 나와 비슷한 부분이 많은 사람과 더 잘 지낸다. 특히 자신이 가치를 높게 두는 부분일수록 유사성의 원리가 중요하게 작용한다.

가령 깔끔한 것에 가치를 두는 사람을 상상해보자. 어디든 먼지한 톨 없어야 하고 신발도 나란히 놓여 있어야 마음이 편한 사람은 지저분한 사람과 결혼하기 힘들 것이다.

마찬가지로 혼자만의 시간을 즐기는 내향적인 사람은 외향적인 사람과 지내는 것을 견디기 힘들어할 수도 있다. 아마 외향적인 사람은 내향적인 사람에게 이렇게 묻고 싶을 것이다.

"집에만 있으면 심심하잖아? 도대체 집에서 뭐 해?"

반면 내향적인 사람은 외향적인 사람에게 이렇게 묻고 싶어 할지도 모른다.

"그럼 넌 뭐가 좋아서 그렇게 맨날 돌아다니니?"

따라서 서로 다른 성격을 가진 두 사람은 처음에는 잘 지낼지 몰라도 나중에 가서는 서로를 견디기 힘들어하게 될 가능성이 크다. 어쩌면 영화나 소설에서 자주 나오는 정반대 성향을 가진 사람들의 사랑 이야기는 현실에서 거의 불가능하므로 더 특별하게 느껴지는 것인지 모른다.

한 걸음 더

나의 연인은 6개의 여과망을 거친 소중한 인연이다

우리는 살아가면서 수많은 이성을 만난다. 하지만 결국 그중에서 단 한 명만 선택한다. 〈사랑에 빠진 사자〉에서 사자는 그 자리에서 바로 소녀와의 결혼을 결심했지만, 소녀의 아버지는 이를 단박에 거절했다. 이는 각자가 가진 여과망이 다르기 때문에 일어난 일이다. 심리학자 케르크호프와 데이비스는 "우리가 인생의 동반자를 선택할 때 6개의 여과망을 거친다"고 주장했다.

첫 번째 단계는 근접성의 여과망이다. 모든 대상자 가운데 나와 지리적으로 가깝고 실제로 자주 만날 수 있는 사람들이 나와 인연을 맺을 가능성이 크다는 뜻이다. 예를 들면 한국에 사는 영희는 스페인에 사는 산체스보다 영희네 옆집에 사는 철수와 결혼할 확률이 훨씬 높다.

두 번째 단계는 매력의 여과망이다. 서로에게 매력을 느끼고 호감이 가는 사람들로 인연의 범위가 좁혀진다는 뜻이다. 매력을 느끼는 요인은 저마다 다르지만 대체로 외모, 따뜻한 성품, 뛰어난 능력 등을 선호한다. 이 여과망은 취업할 때 반드시 통과해야 하는 서류 전형과 같다. 만약 여기서 탈락하면 상대방은 좋은 사람으로만 남게 된다.

세 번째 단계는 사회적 배경의 여과망이다. 인종, 연령, 직업, 종교, 교육 수준, 사회계층 등이 비슷한 사람들끼리 인연이 맺어질 가능성이 크다는 뜻이다. 즉 서로가 가진 조건이 맞아야 한다. 이때 조건 차이가 크면 상대적으로 좋은 조건을 가진 사람이 그렇지 않은 사람보다 '손해 본다'고 생각할 수 있다. 이 세 번째 여과망까지 통과해야 본격적으로 교제가 시작된다.

네 번째 단계는 상호 의견 일치의 여과망이다. 서로의 인생관과 가치관이 유사해야 한다. 정치, 경제, 사회, 문화 등에서의 관점뿐만 아니라 어떨 때 웃음이 나고 화가 나는지도 비슷해야 한다. 상호 의견 합치가 쉽게 이루어지면 두 사람이 훗날 결혼할 가능성이 커진다. 한편, 외적 기준을 중심으로 인연이 될 사람을 선택한 앞의 세 단계와 달리, 네 번째 단계에서부터는 내면적인 탐색이 시작된다. 상대방의 내면은 심도 있는 만남을 통해 점검된다.

다섯 번째 단계는 상호 보완성의 여과망이다. 서로의 욕구를 충족시키고 나의 단점을 상대방이 보완해 줄 때 결혼을 결심하게 된다. 어떤 사람은 이 보완성을 '사랑의 다른 이름'이라고 말하기도 한다. 자신의 욕구를 희생하는 한이 있더라도 상대의 욕구를 충족시켜주려고 노력하기 때문이다.

여섯 번째 단계는 결혼 준비 상태의 여과망이다. 5개의 여과망을 통과했더라도 여러 가지 현실적인 이유로 결혼하기 어렵다면 결혼은 성사될 수 없다.

물론 사랑의 종착지가 무조건 결혼인 것은 아니다. 그렇지만 누군가를 사랑하게 되면 '이 사람과 결혼하면 어떨까?'라는 생각을 자연스럽게 하게 된다.

하지만 6개의 여과망을 통과하는 것은 생각보다 어려운 일이다. 오죽하면 "내가 좋아하는 사람이 나를 좋아하는 것은 거의 기적에 가깝다"라는 말이 있겠는가?

혹시 지금 내 옆에 사랑하는 사람이 있다면 그 사람을 꼭 안아보자. 이 험난한 여과망을 통과하고 내 마음에 안착한 사람이기 때문이다. 서로의 익숙함에 속아 소중함을 잊지 않도록 해야 할 것이다.

23

썩은 사과보다
썩은 상자가 문제다

〈레 미제라블〉의 모의감옥 실험

감옥에 들어갈 때 장발장은 착한 청년이었습니다. 그러나 감옥에서 보낸 19년이라는 긴 세월은 장발장에게 세상에 대한 분노만 남겨 주었습니다.

감옥을 나와서도 장발장을 받아 주는 곳은 아무 데도 없었습니다. 그러다 우연히 미리엘 신부의 집에서 하룻밤 신세를 지게 되었지요. 하지만 장발장은 자신을 유일하게 받아 준 미리엘 신부의 은식기를 훔쳐서 달아났습니다. 그런데 미리엘 신부는 장발장을 잡아 온 헌병들에게 "장발장이 가지고 간 은식기는 내 선물이었다"라고 말합니다. 이어서 신부는 장발장에게 "은촛대는 왜 안 가져갔냐"고 묻습니다. 이번 일로 미리엘 신부에게 감화를 받은 장발장은 새로운 삶을 살아야겠다고 다짐했습니다. 하지만 죄수 장발장이란 이름으로는 아무것도 할 수 없어서 이름을 '마들렌'으로 바꾸었습니다.

마들렌은 미리엘 신부에게서 받은 은식기를 판 돈으로 구슬 공장을 차렸습니다. 그리고 궁리를 거듭한 끝에 구슬을 손쉽게 생산하는 방법을 고안했습니다.

그 결과 부자가 된 마들렌은 가난한 사람들을 위해 100만 프랑을 기부하는 등 사회적으로 많은 도움을 주었습니다. 마들렌은 점점 더 많은 사람들에게 사랑과 존경을 받게 되었고, 사람들은 그에게 시장직을 맡아달라고 부탁했습니다. 이에 마들렌은 거절했지만, 다들 간곡히 말하는 바람에 결국 시장이 되었답니다.

어느 날 마들렌은 경찰관 자베르가 한 여인을 체포하는 모습을 목격했습니다. 그 여인은 술에 취한 남자에게 모욕을 당해서 저항하고 있었지요. 그런데 자베르는 여인이 남자에게 행패를 부렸다는 이유로 체포하려 했습니다.

"잠깐!"

마들렌이 소리쳤습니다.

"자베르 경감. 이 여인을 풀어 주시오."

"시장님. 그게 무슨 말씀입니까? 이 못된 여자는 선량한 시민을 모욕했습니다."

"나는 이 일에 대한 자초지종을 다 알고 있소. 잘못은 술 취한 남자에게 있으니 그 여인을 당장 풀어 주시오!"

마들렌은 위엄 있게 말했습니다.

"하지만 시장님. 저는 무고한 여인을 체포하려 한 것이 아닙니다. 이 여인에게는 분명 죄가 있습니다. 그러니 풀어 줄 수 없습니다."

"내 말에 복종하시오. 지금 상관의 명령을 거부하는 거요? 법에 의하면 이 사건의 판결자는 나요. 지금 난 이 여자의 석방을 명령하는 거요."

"그렇지만…"

"경고하겠소!"

마들렌의 차가운 말에 자베르는 할 수 없이 여인을 풀어 주었습니다.

〈레 미제라블〉의 주인공 장발장을 한번 보자. 감옥에 오래 있었던 장발장은 처음에는 교화가 불가능한 것처럼 보였다. 자신에게 은혜를 베풀어 준 미리엘 신부의 은식기를 훔쳐서 달아났으니 말이다. 하지만 장발장은 훗날 구슬 공장 사장이 되고, 사람들의 부탁으로 시장까지 되고 나니, 이제는 경찰관에게 위엄에 찬 목소리로 명령하기까지 이른다. 이렇듯 '자리가 사람을 만든다'는 말은 괜히 나온 게 아니다. 심리학적으로 볼 때 충분히 가능한 일이기 때문이다.

이와 관련한 유명한 실험 하나가 있다. 미국 스탠퍼드대학의 심리학자 짐바르도가 했던 모의 감옥 실험이다.

실험의 내용은 이렇다. 짐바르도는 신문 광고를 통해 주변에서 흔히 볼 수 있는 24명의 평범한 사람을 뽑았다. 그리고 제비뽑기 결과로 사람들을 간수 역할 9명, 죄수 역할 9명, 대기자 역할 6명으로 나누었다.

한편 24명의 사람들은 실험이 진행되는 2주 동안 일당 15달러를 받기로 하고 실험에 참여했다. 또 그들은 "실험을 그만하고 싶다"라고 말하면 언제든지 실험을 중단하고 집으로 돌아갈 수 있었다. 하지만 애초에 2주로 계획되어 있던 실험은 단 5일 만에 갑자기 종료되었다. 도대체 무슨 일이 일어난 걸까?

실험 첫날, 연구자들은 실제 경찰의 도움을 받아 죄수 역할을 맡은 9명의 참가자들을 그들의 일상생활 중에서 무장 강도 혐의로 체포했다. 참가자들은 처음에 조금 당황하다가 이것이 실험의 한 부분임을 알아채고 나중에 별다른 저항을 하지 않았다. 연구자들은 이들을 스탠퍼드대학 건물 지하에 만들어 놓은 모의 감옥으로 끌고 갔다.

그 후엔 죄수 역할을 맡은 참가자들에게 가슴에 번호표가 달린 죄수복을 주었다. 한편 간수 역할을 맡은 9명의 참가자들에게는 교도관 제복과 호루라기, 경찰봉, 얼굴을 가릴 수 있는 선글라스 등을 주었다.

이제 죄수들은 2주 동안 감옥 생활을 하게 되었다. 간수들은 3교대 8시간 근무 체계에 맞춰서 일했다. 그리고 자기 근무 시간이 아닐 때는 집으로 돌아갔다. 그런데 시간이 지날수록 점점 경악할 만한 일이 일어나기 시작했다.

처음에는 간수 역할에 어색해했던 사람들이 시간이 지나자 죄수들을 관리한다는 명목으로 모욕적인 기합을 주거나 폭행을 한 것이다. 죄수들은 이러한 대우에 처음에는 저항했지만, 나중에는 자신이 잘못했으니 당연히 혼나야 한다고 생각하게 되었다. 심지어 간수 역할을 맡은 참가자들은 '어떻게 하면 이 죄수들을 효과적으로 굴복시킬 수 있을까'라는 주제로 회의까지 했다. 또 한밤중에는 아무도 자신들을 제지하는 사람들이 없을 것으로 생각하여 죄수들에게 성적인 모욕감을 주기도 했다. 결국 실험 셋째 날에 죄수 역을 맡은 한 참가자가 정신발작을 일으켜 병원으로 실려 가게 되었다.

그리고 결국 실험 다섯째 날에는 모의 감옥 실험이 중단되었다. 그 이유는 짐바르도의 동료인 크리스티나 마슬락이 교도소에 구경 왔다가 끔찍한 광경을 목격했기 때문이다. 실험을 주도한 짐 바르도마저 죄수들을 감시하고 관찰하는 제2의 간수가 되어 있었던 것이다. 크리스티나 마슬락의 지적을 받고서야 자신의 잘못된 행동을 뒤늦게 깨달은 짐바르도는 부랴부랴 실험을 종료했다.

빛깔 좋은 사과라도 썩은 상자에 담으면 썩기 마련이다. 인간 또한 특정 상황에 놓이면 나를 그 상황의 한 부분으로 포함해 무의식적으로 행동한다. 앞서 말했듯이 실험 참가자 누구든 "실험을 그만두고 싶다"라고 말하면 언제든지 실험을 그만둘 수 있었다. 하지만 누구도 실험을 그만두겠다고 말하지 않고 자신이 맡은 역할에 몰입했다.

이 실험에서 나온 결과를 일컬어 '루시퍼 이펙트'라고도 한다. 원래 루시퍼는 하느님이 가장 신뢰하는 천사였다. 그런데 하느님이 가진 권력을 질투해 반역을 시도했다. 이를 막으려고 미카엘 천사가 루시퍼와 싸웠고, 루시퍼는 그 싸움에 지면서 지옥으로 떨어져 악마의 우두머리가 되었다. 보통 사람들은 '천사는 원래 천사로 태어나고, 악마도 원래 악마로 태어났을 거야'라고 생각한다. 그런데 루시퍼는 천사에서 악마가 되었다. 즉 누구든 악마가 될 수 있다는 뜻이다. 이는 자리가 사람을 만든다는 것을 보여 준다. 개인의 특성보다 개인이 처한 상황이 그 사람에게 더 큰 영향을 주는 것이다.

다시 〈레 미제라블〉로 돌아가 보자. 원래 선량한 시민이었던 장발장은 빵 하나를 훔친 죄로 범죄자가 되었다. 하지만 장발장은 과거를 청산하고 우여곡절 끝에 시장이 되었다. 그리고 위엄에 찬 목소리로 경찰관을 호령하기까지 이른다. 만약 장발장이 시장이 되지 않았더라도 경찰관에게 큰소리칠 수 있었을까? 그러니까 장발장이 범죄자였더라도 경찰관에게 대들 수 있었겠냐는 말이다. 당연히 그럴 수 없다. 오히려 범죄자 신분의 장발장은 경찰의 눈에 띄기 전에 도망부터 가야 했을 것이다.

한 걸음 더

상황에 휩쓸리지 않으려면 상황을 통제할 줄 알아야 한다

보통 '자리가 사람을 만든다'는 말은 〈레 미제라블〉 속 장발장처럼 어떤 사람이 멋지게 성공했을 때 자주 쓴다. 그런데 이 말이 우리에게 긍정적인 영향만 주는 것은 아니다.

영화 〈악마를 보았다〉에서 연쇄살인마 역할을 맡은 배우 최민식은 영화 촬영이 끝난 후 "하루 빨리 다음 영화를 찍고 싶다"고 호소했다. 그가 한창 영화 〈악마를 보았다〉 촬영에 집중할 때 엘리베이터를 탄 적이 있었다. 그때 어떤 아저씨가 최민식에게 친근감을 표시하며 "어디 최씨야?"라고 물어보았다. 평소대로라면 최민식은 "전주 최씨입니다"라고 공손하게 말했을 텐데, 그날따라 화가 나면서 '이 아저씨가 날 언제 봤다고 나한테 반말하지?'라고 생각했다. 그래서 그는 한 10초 동안 아저씨를 빤히 쳐다보았다. 그때 최민식은 '아, 이런 감정 상태를 계속 가져가다가는 잘못하면 구설에 오르겠구나'라고 느꼈다. 그 후로 될 수 있으면 캐릭터에 너무 몰입하지 않으려고 노력했다고 한다.

이와 관련해 심리학자 짐바르도가 한 말이 있다. "아무리 선량

심리학이 이토록 재미있을 줄이야

한 사람이라도 나쁜 환경에 처하면 악해질 수 있다"

비슷한 맥락에서 '깨진 유리창 법칙'이란 것이 있다. '중고차 한 대를 유리창 하나만 깨뜨린 채로 길거리에 내버려 두었더니 1주일 뒤에 폐차 수준이 되었다'는 유명한 실험에서 나온 법칙이다.

한편 범죄율이 높은 뉴욕에서는 이 깨진 유리창 법칙을 역으로 적용해 낙서와 범죄로 가득한 뉴욕시를 더 살기 좋은 곳으로 만들었다. 낙서 전담반을 만들어 뉴욕 거리 곳곳의 낙서를 지우고 주변 환경을 깨끗이 하는 데 힘썼더니 1년 후 뉴욕의 중범죄 발생률이 75%나 감소하는 놀라운 결과를 낳은 것이다.

이처럼 인간은 어떤 환경에 놓이느냐에 따라 많은 영향을 받는다. 마음의 선함과 악함을 떠나서 환경이 주는 힘을 알고 이에 휩쓸리지 않도록 노력해야 할 것이다.

긍정은
꼴등도 일등을 만든다

〈평강공주와 온달〉의 로젠탈 효과

평강공주는 온달에게 진심을 다해 이렇게 말했어요.

"온달님은 성실하고 힘이 좋으니까 노력만 하면 틀림없이 장군이 되실
수 있을 거예요."

온달은 평강공주의 말을 듣고 마음에서 무언가 샘솟는 게 느껴졌습
니다.

'나만 믿고 있는 이 여인을 실망시킬 수는 없다.'

그 후로 온달은 완전히 다른 사람이 되었습니다. 낮에는 활쏘기와 칼 쓰기를 익혔고 밤에는 열심히 공부했습니다. 그 사이 평강공주는 온달이 사온 말을 부지런히 길렀지요.

고구려에서는 매년 3월 3일이 되면 낙랑언덕에 모여 사냥을 하는 풍습이 있었어요. 그날 잡은 멧돼지와 사슴으로 하늘과 산천의 신에게 제사를 지내고는 했지요. 3월 3일이 되어 왕이 사냥을 하러 나가자 여러 신하들도 왕을 따라나섰어요. 온달도 공주가 길러 준 말을 타고 대열에 합류했습니다.

낙랑언덕에서 온달은 남들보다 빨리 달렸고, 짐승도 많이 잡았어요. 온달을 따라올 자가 아무도 없었지요. 이를 지켜본 왕이 온달을 불러 특별히 칭찬했답니다.

그러던 어느 날 요동에서 전쟁이 일어났습니다. 온달은 고구려의 선봉에서 적군 수십 명을 베어 죽였어요. 이에 힘입은 고구려의 군사들도 적에 맞서 열심히 싸웠지요. 덕분에 고구려는 전쟁에서 승리했답니다. 다들 온달이 전쟁에서 큰 공을 세웠다고 입을 모았어요. 소식을 들은 왕은 온달을 가상히 여겨 이렇게 말했습니다.

"온달이 내 사위다."

왕은 온달을 사위로 맞아들이고 온달에게 벼슬까지 주었습니다. 온달에 대한 왕의 총애는 더욱 깊어졌고 평강공주와 온달 장군은 행복하게 살았답니다.

〈바보 온달과 평강공주〉 이야기에서 주인공 온달은 모두가 인정하는 바보로 나온다. 그런데 바보라고 놀림받던 사람이 어떻게 한 나라를 대표하는 장군이 되었을까? 그 이유를 알아보기 전에 잠깐 이야기 하나를 더 읽어보자.

그리스 신화에 나오는 조각가 피그말리온은 여성을 혐오해 평생 독신으로 살 것을 결심했다. 그런데 어느 날 그가 조각한 여인의 모습이 너무 아름다워서 조각상과 사랑에 빠지고 말았다. 마치 살아 있는 연인을 대하듯 그는 조각상에게 옷을 입히고, 손가락에 보석 반지를 끼우고, 목에 진주 목걸이를 걸어 주었다.

하루는 피그말리온이 아프로디테의 제단 앞에서 간절히 기도했다.

"부디 저 조각상을 제 아내로 점지해 주소서."

그의 정성에 감복한 아프로디테는 소원을 들어주었다. 피그말리온은 서둘러 집으로 돌아와 조각상을 보았다. 조각상은 마치 생기가 도는 것처럼 보였다. 실제로 조각상을 만져보니 따뜻한 체온이 느껴졌다. 피그말리온은 자신의 입술을 조각상의 입술에 갖다 대었다. 그러자 조각상은 인간이 되었고 그를 보며 수줍게 웃었다.

피그말리온은 자신이 사랑하는 조각상을 위해 그가 할 수 있는 모든 정성을 쏟았다. 그리고 신께 간절히 기도해 조각상을 사람으로 바꾸는 데 성공한다. 이 이야기는 '간절히 원하면 이루어진다'는 교훈을 보여주고 있다.

두 이야기 〈바보 온달과 평강공주〉 그리고 〈피그말리온〉에는 공통점이 하나 있다. 바로 '믿는 대로 실현된다'는 개념이다.

〈바보 온달과 평강공주〉에서 평강공주는 바보 온달에게 "틀림없이 장군이 되실 수 있어요"라고 말했다. 이에 바보 온달은 그 말을 믿고 열심히 노력했더니 정말 늠름한 장군이 되었다.

〈피그말리온〉에서 피그말리온은 한낱 돌덩이에 불과한 여인상을 마치 살아 있는 연인처럼 대접했다. 그리고 피그말리온은 '이 조각상은 곧 사람이 되어 나의 아내가 될 거야'라고 굳게 믿고 간절히 기도한 끝에 자신의 소원을 이룰 수 있었다.

이러한 현상을 심리학에서는 '피그말리온 효과'라고 하고, 교육학에서는 한 심리학자의 이름을 따서 '로젠탈 효과'라고도 한다.

미국 하버드대학 심리학자 로젠탈은 초등학교 교장이었던 제이콥슨과 함께 피그말리온 효과가 교육 현장에서 어떻게 적용되는지 실험을 통해 알아보았다.

두 사람은 미국 샌프란시스코의 한 초등학교에서 전교생을 대상으로 지능검사를 했다. 이후 검사 결과와 상관없이 각 학급의 정원에서 무작위로 20%의 학생들을 뽑아 명단을 작성했다. 그리고 그 명단을 교사들에게 나눠주면서 "명단에 적힌 학생들은 지능이 매우 높은 아이들입니다"라고 말했다. 사실 명단에 있는 학생들은 무작위로 뽑혔기 때문에 지능이 높은 학생과 낮은 학생이 섞여 있었다. 하지만 그 말을 들은 교사들은 명단에 있는 학생들이 앞으로 좋은 성적을 낼 것이라고 믿었다. 그리고 그 믿음의 결과는 경이로웠다.

약 8개월 후 로젠탈과 제이콥슨은 명단에 적힌 아이들의 최근 학업 성적과 과거 학업 성적을 비교했다. 그랬더니 평균 점수가 무려 24점이나 오른 것을 확인했다. 또 명단에 있는 아이들은 명단에 없는 아이들보다 높은 자신감을 보였다. 즉 학생에 대한 교사의 기대가 학생의 성적 향상에 유의미한 영향을 미친 것이다.

한편 로젠탈 효과와 비슷한 심리현상으로 '호손 효과'와 '플라시보(위약) 효과'가 있다.

호손 효과란 자신이 관찰받고 있다는 사실을 인지할 때 행동의 변화가 나타나는 현상을 말한다. 이 심리 법칙은 하버드대학 심리전문가인 메이요 교수의 실험에서 처음 발견되었다.

그의 연구팀은 작업 환경과 노동 생산성 사이의 상관관계를 규명하기 위해 미국 서부에 있는 전기 회사 호손 공장을 찾았다. 연구원들은 먼저 공장의 조명 밝기에 따른 직원들의 노동 생산성을 알아보기 위해 작업장의 조명을 밝게 했다. 그랬더니 공장 직원들의 노동 생산성이 향상되었다. 시간이 조금 지나서 직원들이 밝은 조명에 익숙해지자, 이번에는 조명을 어둡게 했다. 이때 연구원들은 노동 생산성이 당연히 떨어질 것으로 생각했다. 그런데 연구원들의 예상과 다르게 직원들의 노동 생산성은 다시 향상되었다.

연구팀은 조명에 이어서 작업실 온도, 직원들의 근무일, 휴식 시간 등의 조건을 바꾸면서 작업 환경을 변화시켰다. 그런데도 직원들의 노동 생산성은 계속 증가했다. 연구자들은 왜 작업 환경과 상관없이 노동 생산성이 증가했는지 그 이유를 알기 위해 직원들을 인터뷰했다. 그랬더니 노동 생산성의 향상은 '누군가 자신들을 관찰하고 있다'는 직원들의 인식 때문인 것으로 드러났다.

다음으로 플라시보 효과란 실제로는 아무런 효과가 없는데 마음가짐에 따라 효과가 나타나는 현상을 말한다. 이는 프랑스 약사이자 심리 치료사인 에밀 쿠에가 발견했다.

하루는 쿠에의 지인이 급작스럽게 쿠에를 찾아와 "아파 죽을 것 같은데 지금 시간이 늦어서 병원에 갈 수 없으니 약 좀 지어 달라"고 하소연했다. 쿠에는 의사의 처방전 없이 함부로 약을 줄 수 없어서 고민 끝에 하얀 거짓말을 했다. 그는 인체에 무해한 포도 당류의 알약을 지인에게 주면서 이렇게 말했다. "이 약을 먹으면 괜찮아질 테니 날이 밝으면 병원부터 가보게."

며칠 후 쿠에는 우연히 지인을 만났다. 그런데 지인이 "나한테 준 약이 무슨 약인지는 몰라도 참 용해서 병원에 갈 필요도 없이 다 나았다"라고 말하는 것이 아닌가. 이를 본 쿠에는 약을 먹으면 호전될 거라는 약사의 말과 약에 대한 믿음을 가지면, 자기암시를 통해 실제로 병이 나을 수도 있다는 가설을 세우게 되었다. 이후 이를 증명하는 연구들이 잇따르면서 의학계에 많은 영향을 미쳤다.

사실 플라시보 효과는 제2차 세계대전 때 가장 많이 쓰였던 방법이다. 당시 의료진들은 부상자들의 수에 비해 약이 부족해지자, 환자들에게 아무런 약효가 없는 약을 처방했다. 그런데 놀랍게도 이 약을 처방받은 환자들의 병세가 호전되었다. 이는 '처치를 했으니까 조만간 낫겠지'라고 생각하는 환자들의 심리적 기대와 믿음 때문에 나타난 현상이었다.

이와 관련해 재미난 이야기가 있다. 어떤 사람이 나이아가라 폭포를 구경하다가 목이 말라서 폭포의 물을 마셨다. 그런데 돌아서는 순간 'Poisson'이라고 적힌 팻말을 보았다. 그는 독을 마셨다는 생각에 갑자기 창자가 녹아내리는 듯한 복통을 느꼈다. 사실 'Poisson'이라는 단어는 불어로 '낚시'라는 뜻인데, 그는 이 단어를 '독'을 뜻하는 영어 단어 'Poison'으로 착각했던 것이다.

심리학이 이토록 재미있을 줄이야

고통으로 괴로워하는 그를 주변 사람들은 급히 병원으로 옮겼다. 의사는 환자의 자초지종을 듣더니 오히려 껄껄 웃으며 이렇게 말했다.

"선생님이 보신 팻말의 단어는 영어 'Poison'에서 's'가 하나 더 붙은 프랑스어 'Poisson'입니다. 이는 '낚시'를 뜻하는데, 아마 팻말은 '낚시 금지'를 가리켰을 겁니다."

그는 그 말을 듣자마자 배의 통증이 순식간에 사라지는 것을 느꼈다. 그리고 멀쩡하게 병원을 나와 집으로 돌아갔다.

한 걸음 더

내가 한 말이 '스티그마 효과'를 일으키지 않도록 주의하자

사람들의 기대와 믿음이 항상 긍정적인 결과를 가져오는 것은 아니다. 〈바보 온달과 평강공주〉 이야기에서 평강왕은 평강공주가 울 때마다 이렇게 말한다. "넌 울보니까 사대부에게 시집 못 간다. 바보 온달에게나 시집갈 수 있겠다." 그리고 평강공주는 정말 온달과 결혼하게 되었다. 이처럼 평상시에 부정적인 암시를 받은 사람이 자신도 모르게 부정적인 행동을 하게 되는 현상을 사회심리학에서 스티그마 효과라고 한다. (스티그마란 미국 서부 개척시대에 자신이 소유한 가축이라는 것을 증명하기 위해 불로 달군 도장(낙인)을 가축의 엉덩이에 찍은 것에서 유래한 말이다.)

어떤 아이에게 "네가 이걸 할 수 있다고 생각해?", "네가 하는 게 다 그렇지!"처럼 부정적인 말을 계속한다면, 그 아이의 자존감은 현저하게 낮아질 것이다. 그러면 아이 스스로 '나는 능력이 부족한 사람이야'라고 생각하게 되어, 실제로 실행력이 떨어지게 된다. 즉 부정적인 기대가 정말 실현되고 마는 것이다.

인디언 속담 중에 "무슨 일이든 만 번을 말하면 결국 이루어진다"라는 말이 있다. 무심코 한 말이라도 계속 반복해서 말하다 보면 내가 원하는 바를 이룰 수 있다는 것이다.

이처럼 모든 말에는 한 사람의 인생을 바꾸는 힘이 들어 있다. 이를 명심하여 내가 한 말이 상대방에게 '스티그마 효과'를 일으키지 않도록 주의하자.

적절한 상과 벌이
미래를 좌우한다

〈도둑이 된 소년〉의 강화와 처벌

한 소년이 학교에서 친구의 공책을 훔쳤습니다. 소년은 공책을 집으로 가져와 어머니께 보여드렸습니다. 그런데 어머니는 아들을 혼내기는커 녕 칭찬을 했습니다. 며칠 후 소년은 외투를 훔쳐서 어머니께 갖다드렸 습니다. 어머니는 저번보다 더 크게 칭찬을 하며 기뻐했습니다. 시간이 흘러 청년이 된 소년은 더 값나가는 물건들을 훔쳐서 어머니께 갖다드 렸습니다. 어머니는 그런 아들을 칭찬해주기만 했습니다.

그러던 어느 날 청년은 도둑질을 하다가 그만 경찰에 잡히고 말았습니다. 그는 손을 등 뒤로 묶인 채 사형집행인에게 끌려갔습니다. 그 모습을 보고 어머니는 가슴을 치며 통곡했습니다.

그런데 아들이 죽기 전에 어머니께 할 말이 있다며 어머니를 불렀습니다. 어머니는 아들의 말을 듣기 위해 자신의 귀를 아들에게 가까이 가져갔습니다. 그러자 아들은 어머니의 귓불을 있는 힘껏 물어뜯었습니다. 어머니는 깜짝 놀라 비명을 질렀습니다. 그래도 아들은 화가 가라앉지 않아 어머니에게 이렇게 소리쳤습니다.

"처음 훔쳤을 때 저를 혼냈더라면 지금 제가 왜 여기 있겠어요!"

심리학자 중에 다음과 같이 말한 사람이 있었다.

"나에게 열두 명의 건강한 아이를 주고 내가 만든 환경에서 그 아이들을 키울 수 있는 권한을 달라. 그렇게만 해 준다면 장담하건대 나는 모든 아이들을 그들의 재능, 취미, 성향, 능력, 소질, 조상의 경력과 상관없이 내가 선택한 유형의 사람 즉 의사, 변호사, 예술가, 상인, 심지어는 도둑으로 길러낼 수 있다."

도대체 누가 이런 무시무시한 말을 호언장담했을까? 그리고 저렇게 확신에 차서 말할 수 있는 근거는 무엇일까? 저 말은 오로지 환경 하나만으로 인간을 자신이 원하는 종류로 만들 수 있다는 뜻이다. 그만큼 환경의 영향이 절대적이라고 본 것이다. 이처럼 인간의 타고난 본성보다 외부 환경에서 주어진 자극이 사람의 행동을 지배한다고 보는 시각을 '행동주의 심리학'이라고 한다. 참고로 저 말은 행동주의 심리학을 창시한 존 브로더스 왓슨이 한 말이다. 그는 인간 발달 과정에서 본성과 환경 중 환경의 중요성을 절대적으로 강조했다.

왓슨의 논리는 이렇다. 예를 들어 콩을 안 먹는 아이가 있다고 해보자. 그런데 아이가 콩을 먹을 때마다 어머니가 칭찬하거나 맛있는 과자를 주어 보상하면, 결국 아이는 콩을 먹게 된다는 것이다. 또 다른 예로 아이들이 원하는 것을 얻고 싶을 때 떼를 쓰는 경우를 들 수 있다. 이때 부모가 아이의 요구를 들어주면, 아이는 '아, 내가 이렇게 떼를 쓰면 원하는 걸 얻을 수 있구나'라고 생각해서 더욱 떼를 쓰는 아이로 자라게 된다는 것이다.

동화 속 소년도 마찬가지다. 처음에 소년이 공책을 훔쳐 오자 어머니는 아들에게 "잘했어"라고 말했다. 즉 아들의 훔친 행동을 칭찬한 것이다. 칭찬은 인간에게 보상으로 작용한다. 이런 방식으로 가정교육을 받아 온 소년은 도둑질이 잘못된 행동인 줄도 모르고 오히려 자랑스러운 일이라 생각하게 되었을 가능성이 크다. 이를 행동주의 심리학에서는 '강화'라고 한다.

강화란 어떤 행동을 하면 보상을 제공하여 그에 대한 반응을 유

심리학이 이토록 재미있을 줄이야

도하는 것을 말한다. 강화에도 여러 종류가 있는데 그중 '정적 강화Positive Reinforcement'와 '부적 강화Negative Reinforcement'만 살펴보면 다음과 같다.

정적 강화란 내가 좋아하는 것을 상대방이 제시해 나의 바람직한 행동을 유도하는 것이다. 예를 들어 "시험 성적이 오르면 용돈을 올려 줄게"라는 식이다. 반면 부적 강화란 내가 싫어하는 것을 상대방이 제거해 나의 바람직한 행동을 유도하는 것을 말한다. 가령 "시험 성적이 오르면 화장실 청소를 면제해 줄게" 하는 식이다.

강화와 반대되는 개념으로 '처벌'이 있다. 처벌이란 특정 행동의 빈도를 줄이는 행동 수정의 한 방법이다. 처벌도 강화와 마찬가지로 '정적 처벌Positive Punishment'과 '부적 처벌Negative Punishment'이 있다.

정적 처벌이란 내가 싫어하는 것을 상대방이 제시해 나의 바람직하지 않은 행동을 줄이는 것이다. 예를 들어 "시험 성적이 떨어지면 화장실 청소를 해야 해"라는 식이다. 반면 부적 처벌은 내가 좋아하는 것을 상대방이 뺏어 나의 바람직하지 않은 행동을 줄이는 것이다. 예를 들어 "시험 성적이 떨어지면 게임 하는 시간을 줄일 거야"라고 말하는 것이다.

행동주의 심리학자들은 "인간의 행동은 강화와 처벌로 결정된다"라고 주장한다. 또 그들은 범죄 행위에도 이 논리가 적용된다고 말한다. 가령 동화에서 소년이 공책을 훔쳐 왔을 때 어머니가 소년에게 "잘했다"는 강화보다는 "잘못했다"는 처벌을 주었다면, 소년은 도둑이 되지 않았을 것이다. 하지만 어머니는 소년의 훔친 행동을 오히려 칭찬했기 때문에 강화가 적용되어 소년은 자꾸 물건을 훔치게 된 것이다.

행동주의의 이론은 '담배를 자주 피우는 사람이 금연하려면 어떻게 해야 하는지', '성공적으로 다이어트를 하려면 어떻게 해야 하는지'와 같은 일상적인 문제에서도 적용할 수 있다.

가령 담배를 끊기 위해 담배를 피울 때마다 벌금을 천 원 내기로 했다고 하자. 아마 대부분의 흡연자들은 '에이, 그냥 천 원 내고 담배 피우지 뭐' 하면서 계속 담배를 피울 확률이 더 높다. 왜냐하면 벌금으로 천 원을 내는 것보다 담배를 피움으로써 얻는 정신적 만족이 더 크기 때문이다. 이 경우는 담배를 끊게 하기 위한 처벌의 수위가 적절하지 않다고 할 수 있다.

그런데 담배를 피울 때마다 단 한 번의 예외 없이 전기 충격이 가해진다고 해보자. 아마 담배를 피우고 싶어도 전기 충격 때문에 흡연하는 걸 매우 주저하게 될 것이다. 그만큼 처벌과 강화가 강력하고 효과적이어야 단숨에 효과를 볼 수 있다. 그래서 강화와 처벌은 범죄 예방이나 교화 프로그램에도 사용된다.

심리학이 이토록 재미있을 줄이야

그럼 인간은 오로지 강화와 처벌로만 만들어지는 존재일까? 인간의 행동과 감정은 정말 단순히 배움의 결과인 걸까?

그렇지 않다. 인간의 내면에는 '자유의지'라는 것이 있다. 자유의지란 인간이 자신의 행동을 스스로 결정할 수 있다는 것을 말한다. 이 사실을 우리는 암묵적으로 동의하고 있기 때문에 범죄자를 처벌할 수 있다. 범죄자가 저지른 행동은 자신이 스스로 결정해서 한 것이기 때문이다.

이 논리는 동화 속 소년도 피해 갈 수 없다. 비록 도둑질을 칭찬하는 가정환경이었다 할지라도, 소년은 주변에서 건전한 가치를 받아들여 자신이 어떤 사람이 될 것인가를 스스로 결정할 수 있는 정신적 자유를 가지고 있었다. 하지만 소년은 이를 포기했고 결국 도둑이 된 것이다.

물론 자신이 속한 환경을 탈피하는 것은 하나의 세계를 깨는 것과 같이 충격적이고 어렵다. 하지만 소설《데미안》에 나오는 것처럼 새는 알을 깨고 나온다. 새롭게 태어나고 싶다면 하나의 세계를 파괴하지 않으면 안 될 것이다.

한 걸음 더

고통을 극복한 경험이 있으면 어떤 고통도 견딜 수 있다

심리학자 조지프는 내적 의지와 관련해 한 가지 실험을 했다. 그는 쥐 여러 마리를 세 집단으로 나누고 전기 충격 실험을 했다. 이때 첫 번째 집단에게는 일절 아무런 자극을 주지 않았고, 두 번째 집단에게는 피할 수 없는 전기 충격을 계속 주었다. 마지막으로 세 번째 집단에게는 '스위치를 누르면 전기 충격을 멈출 수 있다'는 내적 의지를 쥐들이 학습하도록 했다. 그다음 세 집단의 쥐를 한데 모아 이동 상자에 넣었다.

이동 상자는 가운데 칸막이를 기준으로 두 공간이 나뉘어 있었고, 칸막이의 높이가 낮아서 쥐들이 원하면 얼마든지 한 공간에서 다른 공간으로 넘어갈 수 있었다.

조지프는 이동 상자에 전류를 흘려보내 쥐들이 어느 공간에 있든 전기 충격을 받도록 했다. 이는 전기 충격을 피하려는 노력이 아무 소용없을 때 쥐들이 어떻게 행동하는가를 알아보기 위함이었다.

실험 결과, 한 번도 전기 충격을 받지 않은 첫 번째 집단은 전기

심리학이 이토록 재미있을 줄이야

충격을 피하고자 처음에는 한 공간에서 다른 공간으로 넘어갔다. 그런데 실험이 계속 진행됨에 따라 그 이동 비율이 뚜렷하게 감소했다. 심지어 전기 충격에 계속 노출된 두 번째 집단은 이동 비율이 훨씬 낮았고 실험을 진행할수록 그 수치는 더 떨어졌다.

여기서 주목해야 할 것은 스위치를 눌러서 전기 충격을 피할 수 있도록 훈련받은 세 번째 집단이다. 세 번째 집단에 속한 쥐들은 한 공간에서 다른 공간으로 이동하기를 멈추지 않았다. 심지어 무려 200번이나 검사를 반복했는데도 계속 이동했다. 즉 앞에서 '전기 충격을 피할 수 있다'는 내적 의지를 학습한 쥐들은, 이동 상자에 와서도 이를 포기하지 않았던 것이다.

이 실험은 우리에게 다음과 같은 메시지를 시사한다. 자신의 노력으로 고통을 극복한 경험이 있으면, 또 다른 고통이 찾아와도 쉽게 굴복하지 않는다는 것이다.

그러니 앞으로 어려운 상황에 부닥치면 내적 의지로 상황을 극복해보자. 나의 의지로 상황을 좋게 만든 경험을 갖게 되면 훗날 그 어떤 시련이 닥쳐와도 세 번째 집단의 쥐들처럼 다시 도전할 힘을 갖게 될 것이다.

심리학이 이토록 재미있을 줄이야

초판 1쇄 발행 2021년 09월 06일
초판 12쇄 발행 2024년 03월 28일

지은이 류혜인
펴낸이 이부연
책임편집 김수연
마케팅 백운호
디자인 김윤남, 김숙희

펴낸곳 (주)스몰빅미디어
출판등록 제300-2015-157호(2015년 10월 19일)
주소 서울시 종로구 내수동 새문안로3길 30, 세종로대우빌딩 916호
전화번호 02-722-2260
인쇄·제본 갑우문화사
용지 신광지류유통

ISBN 979-11-91731-05-7 (03180)

1억 명의 마음을 사로잡은
웨인 다이어의 인생 강의!

자유롭고 충만한 삶을 위한 응원의 메시지!

★★★★★

"웨인 다이어는 인생의 커다란 질문에 항상 답을 주었다.
그는 세상에 빛을 가져온 사람이다."

— 오프라 윈프리

타인에게 얽매이지 않고 온전한 나로 사는 법
모두에게 사랑받을
필요는 없다

웨인 다이어 지음 | 장원철 옮김

"말을 선택하는 건 당신이지만, 그다음에는 말이 당신을 지배한다!"

심리학과 뇌과학이 밝혀낸 말의 위력!

운명을 바꾸는 말의 법칙

- 걱정하는 말은 정말 현실이 된다
- 말을 바꾸면 생각도 따라서 변한다
- 언어 습관이 행복과 불행을 결정한다
- 슬퍼서 우는 게 아니라 울면 슬퍼진다
- 긍정의 말은 부정적 감정을 없애준다
- 말은 몸의 모든 기관에 영향을 준다
- 언어 패턴이 관계 패턴을 만든다

부와 행복을 끌어당기는
말의 알고리즘

고은미, 김정호 지음